Cartagena

Manuela Nekomata

Kindesmissbrauch

Texte: © Cartagena-Verlag, Berlin 2020

Umschlag: © Cartagena-Verlag, Berlin 2020

                www.cartagena-verlag.de

Druck: Book on Demand GmbH, Norderstedt

Printed in Germany

ISBN: 978-3-9819-5546-0

Manuela Nekomata

Kindesmissbrauch

Inhaltsverzeichnis

Vorwort

Dieses Buch beschäftigt sich mit einem delikaten Thema:
Kindesmissbrauch. Ein Wort, das uns in beständiger Regel-
mäßigkeit erschauern lässt. Es vergeht kaum ein Tag, an dem
uns die Medien nicht neue Fälle präsentieren. Selbstverständlich ist jeder Fall ein Fall zu viel, aber zeigen uns die kurzen
Schlagzeilen auch die ganze Wahrheit oder verbergen sie das
Eigentliche und Nicht-sofort-Sichtbare?

Die in diesem Buch beschriebenen Ereignisse sind keine
reinen Fiktionen. Denn es geht darum, die vielen Aspekte
des täglich stattfindenden Missbrauchs an und mit unseren
Kindern aufzuzeigen. Die Autorin ist sich bewusst, dass einige Passagen an einem schmalen Grat entlangverlaufen:
dem Voyeurismus. Aber Kunst ist auch dazu da, radikal und
ohne Scheu zu reflektieren. Das muss sie sogar. Wenn dieses
Buch dazu beiträgt, nur einem einzigen Kind in unserer Gesellschaft zu helfen, dann hat es sich gelohnt, es zu schreiben.

Das muss ein Ende haben

Dieser Artikel erschien am 01.03.2017 im Tagesspiegel:

"Der 'Fall Lisa' des russlanddeutschen Mädchens, das eine Vergewaltigung erfunden hatte und damit international Beachtung fand, hat ein gerichtliches Nachspiel. Die Staatsanwaltschaft hat Anklage gegen einen Mann erhoben, der sexuelle Kontakte zu der damals 13-jährigen gehabt haben soll, allerdings einvernehmlich. Dem 23-jährigen werden schwerer sexueller Kindesmissbrauch und Herstellung pornografischer Schriften vorgeworfen, weil er die Tat gefilmt haben soll. Die Russlanddeutsche hatte mit Behauptungen über ihr 30-stündiges Verschwinden Anfang 2016 für Aufsehen gesorgt. Sie gab an, entführt und vergewaltigt worden zu sein, wofür die Ermittler keine Anhaltspunkte sahen. Der russische Außenminister schaltete sich ein, Hunderte Russlanddeutsche demonstrierten. Später stellte sich heraus, dass sich das Mädchen wegen Schulproblemen versteckt hatte. Bei den Ermittlungen geriet der nun Beschuldigte in den Fokus: Er wurde verdächtigt, mit dem Mädchen vor ihrem Verschwinden einvernehmliche sexuelle Kontakte gehabt zu haben. Weil das Mädchen jünger als 14 Jahre war, macht sich ein Erwachsener auch bei freiwilligem Sex strafbar."

Soweit die Meldung. Warum ich gerade diesen Fall anspreche? Ich kenne weder das Mädchen noch die involvierten Männer. Allerdings dürfte das Mädchen vielen Menschen bekannt sein, da ihr Verhalten über die deutschen Landesgrenzen hinweg sogar zu diplomatischen Verwicklungen geführt hatte. Wer diesen Artikel aber genau liest, wird feststellen, dass es sich bei dem hier angeklagten Mann nicht um einen derjenigen handelt, die bei ihrer angeblichen Entführung und Vergewaltigung Sex mit ihr gehabt haben sollen. Der im Artikel beschriebene Tatvorwurf ereignete sich nämlich schon drei Monate vor dem Ereignis, das für so viel Aufsehen gesorgt hatte.

Wir können also festhalten, das Mädchen hatte bereits vor der angeblich 30-stündigen Entführung Sex. Und dieser Sex war einvernehmlich. Ich bin der Meinung, auch die Kamera dürfte nicht ausversehen danebengestanden haben.

Drei Monate später kam es dann zu dem Ereignis, welches es nicht nur in die Medien Russlands, sondern es sogar in die der USA geschafft hatte. Es hieß, sie wäre während ihrer 30-stündigen Entführung von zwei Männern zum Sex gezwungen worden. Auch gegen diese beiden Männer ist Anklage erhoben worden. Der Grund dafür steht im letzten Satz der Meldung und er ist der Punkt, über den man sich ernsthaft Gedanken machen sollte. Denn der Gesetzgeber agiert weder zeitgemäß noch angemessen. Das Gegenteil ist sogar der Fall: Er schafft Unrecht und er schafft Straftäter. Beides wäre nicht nötig. Wieso spricht man einem Menschen unter 14 Jahren jegliches Recht auf sexuelle Selbstbestimmung ab? Das ist in der heutigen Zeit vollkommen weltfremd. Beim Lesen der Zeitungsmeldung dürfte jedem klar sein, dieses Mädchen hat ihr Sexualleben bewusst ausgelebt. Da sie sich über die Strafbarkeit ihres Handelns im Klaren war, erfand sie die

Geschichte der angeblichen Entführung und Vergewaltigung. Sie wird weder mit dem ersten Angeklagten versehentlich Sex gehabt, noch drei Monate später mit zwei anderen Männern herauszufinden versucht haben, ob es wirklich ein Versehen war.

Die zuständige Abteilung 131 des Berliner Landeskriminalamts 1 beklagt schon seit Jahren die dramatisch steigenden Fallzahlen von Sexualstraftaten mit Kindern sowie von Kinderpornografie. Viele Verfahren müssen sogar eingestellt werden, weil man es nicht mehr schafft, das Material in der vorgeschriebenen Zeit von zwei Jahren zu sichten.

Dass die Fallzahlen weiter steigen, wird sich nicht mehr vermeiden lassen. Ein Großteil der Inhalte im Internet hat einen sexuellen Bezug und unsere Kinder werden dadurch früher sexualisiert. Darüber hinaus lassen sich Menschen schwer von Gesetzen aufhalten, wenn es um das Ausleben der eigenen Gefühle geht. Als Homosexualität noch strafbar war, gab es trotzdem Lesben und Schwule. Dazu kommt, dass viele ihr Handeln mit der Kamera festhalten, um auch noch ihren medialen Narzissmus auszuleben. Wenn man schon von jedem Essen Fotos macht, liegt es nicht mehr fern, auch den Sex auf die Festplatte zu bannen. Ich möchte hier aber nicht missverstanden werden. Es geht nicht darum, zu hemmungslosen Sex mit Kindern jeglichen Alters aufzurufen. Aber es wird Zeit, ein für die Gesellschaft angemessenes und zeitgemäßes Maß zu finden.

Wenn ein Mensch zwischen dem 18. und 21. Lebensjahr straffällig wird, ist immer zu klären, ob er oder sie nach Jugend- oder Erwachsenenstrafrecht zu be- und verurteilen ist. Warum gibt es diesen Spielraum nicht in die andere Richtung?

Das Mädchen aus dem Artikel wusste sehr wohl über ihr Sexualverhalten Bescheid. Auch wenn der Angeklagte nur eine Geld- oder Bewährungsstrafe erhält, so wird er trotzdem für einvernehmlichen Sex zwischen zwei Menschen bestraft. Dass dieser Akt gefilmt wurde, nennt sich Herstellung von kinderpornografischem Material. Heutzutage filmen sich viele Paare beim Sex. Doch dem Gesetz muss genüge getan werden, anstatt sich ernsthaft Gedanken über das Gesetz selbst zu machen.

Warum kann man nicht auch Spielräume nach unten schaffen? Dabei ist es hilfreich, einen anderen Kriminalitätsschwerpunkt zu beleuchten: Kinderbanden und jugendliche Intensivtäter. Allein in Berlin werden jährlich rund 30.000 Kinder unter 14 Jahren polizeilich auffällig. Natürlich sind ein Großteil davon Kinder, die im Supermarkt Süßigkeiten oder im Warenhaus einen Lippenstift klauen. Es gibt aber auch die, die als sogenannte Intensivtäter geführt werden. Das heißt, sie sind noch keine 14 Jahre alt und bereits 100 Mal polizeilich auffällig geworden. In der Regel wegen Diebstahls, Drogen- oder Waffenbesitzes. Kinderbanden, die raubend durch Kaufhäuser ziehen, sind keine Einzelerscheinungen mehr. Von der vorherrschenden Meinung, es handele sich dabei um Jungs mit Migrationshintergrund und das Phänomen trete sowieso nur in Großstädten auf, sollten wir uns befreien. So wie das Mädchen aus dem Zeitungsartikel auf den Geschmack gekommen ist, geht es auch anderen, und sie kommen schnell dahinter, dass ihnen nichts passiert, wenn sie klauen oder andere abziehen, wie man das heute so nett formuliert. Dabei ist es oft nichts Anderes als räuberische Erpressung. Kinder können in ihrem Handeln viel brutaler sein, als Erwachsene es für möglich halten. Mit dem Wissen, dabei straffrei zu bleiben, leben immer mehr Kinder ihre Gewaltphantasien auch aus. Die beschriebenen Fälle stellen sicherlich nicht die Regel dar, sind aber auch keine

Einzelfälle. Bestünde die Möglichkeit, ein Kind bereits mit zwölf Jahren in die Schranken zu weisen, könnten viele kriminelle Karrieren frühzeitig gestoppt und im Idealfall sogar verhindert werden. Jeder, der mit Kindern arbeitet, kennt diese Problematik. Es wird Zeit, die Gesetze der Lebenswirklichkeit anzupassen. Dazu gehört, auch bei Kindern Toleranzen bezüglich der Strafmündigkeit einzuführen. Der Nutzen wäre erheblich. Würde die Möglichkeit bestehen, bereits im Alter von zehn oder zwölf Jahren abwägen zu können, ob Jugendstrafrecht zur Anwendung kommt, wäre vielen geholfen. Wenn der Zwölfjährige der Polizei jede Woche aufs Neue erklärt, die geklauten Waren sind versehentlich in seine Tasche gefallen, dann glaubt das kein Mensch. Das weiß der Junge auch selbst, und mit dem Satz: "Ihr könnt mir sowieso nichts, ich bin erst zwölf", ist alles gesagt. Andererseits würden viele Männer nicht im Knast sitzen, nur, weil sie einvernehmlichen Sex mit einer Dreizehnjährigen hatten. Genau dafür muss sich der 23-Jährige aus dem Artikel verantworten. Weil die beiden ihren einvernehmlichen Sex gefilmt haben, ist das auch noch Kinderpornografie. Die falschen Verdächtigungen und das Vortäuschen von Straftaten, die sogar zu diplomatischen Verwicklungen geführt hatten, bleiben aber straffrei. Wer nun weiterhin meint, das Verhalten eines Kindes ändert sich exakt am 14. Geburtstag, der sollte dieses Buch beiseitelegen und zurück ins Lummerland fahren.

Die aktuelle Regelung schadet in erster Linie den Kindern. Zum einen, weil man sie in ihrem bewussten kriminellen Handeln über Jahre hinweg mit gesetzlicher Rückendeckung gewähren lässt; zum anderen, weil man ihre Gefühle, und dazu gehört auch das Sammeln sexueller Erfahrungen, einfach verbietet. Unsere Gesetze sind grundsätzlich so ausgelegt, dass immer der Einzelfall betrachtet werden kann. Das ist auch richtig so. Ständig wird betont, dies mache den Rechtsstaat schließlich aus. Warum verwehren wir Kindern – im positiven wie im negativen Sinne – diese Rechte? Wenn durch das Ignorieren der Lebenswirklichkeit den Kindern Rechte verwehrt werden, dann ist die Frage erlaubt, ob das einen Verstoß gegen die UN-Kinderrechtskonvention darstellt?

Übrigens: Unter dem Motto: "Nur wer wählt, zählt", fordert der Deutsche Familienverband das Wahlrecht ohne Altersbegrenzung. Die Einzelheiten können Sie auf der Website selbst nachlesen.

Berechnetes Recht

Draußen ist es noch dunkel. Ich sitze am Fenster, aber selbst wenn es etwas zu sehen gäbe, könnte ich es nicht erkennen. Der erste ICE des Tages bewegt sich von Hamburg nach Berlin, meiner alten Heimat. Als Kind der frühen Sechziger war es die aufregendste Stadt, in welcher man seine Jugend verbringen konnte. Berlin hatte und hat stets etwas zu bieten. Die Stadt erfindet sich jeden Tag neu.

Wenn man wie ich im alten Westteil aufgewachsen ist, war man auch immer politisch. Das brachte die Situation einfach mit sich. Die allgegenwärtige Mauer, die Alliierten und natürlich viele Flüchtlinge. In ganz anderer Form allerdings. Diese Menschen waren Bürger der Bundesrepublik Deutschland, jung, männlich und auf der Flucht vor der Bundeswehr. Berlin hatte seit dem 2. Weltkrieg einen entmilitarisierten Status und darum gab es keine Wehrpflicht – zumindest im Westteil.

Und so nutzte man diese rechtliche Lücke oft und gern. Aber auch in anderer Hinsicht gab es viele Lücken. Aufgrund der räumlichen Trennung vom restlichen Bundesgebiet setzte nach dem Mauerbau eine massive Abwanderung ein. Deshalb sah sich die alte Bundesrepublik gezwungen, dieser mit viel Fördergeld entgegenzutreten. Es gab es eine Berlin-Zulage für alle Arbeitnehmer, und damit wurden künstlich Arbeitsplätze geschaffen. Dabei war es nur logisch, diese Arbeitsplätze im Öffentlichen Dienst zu schaffen. Aber es gab auch Bauprojekte. So wurde das U-Bahnnetz ausgebaut, um für die autogerechte Stadt die Straßenbahn abschaffen zu können. Die Stadtautobahn wurde in Beton gegossen. Es entstanden neue Trabantenstädte. Die Gropiusstadt erlangte nicht nur durch ihren Architekten Berühmtheit. Über die Stadtgrenzen hinaus wurde sie durch Christiane F. bekannt, welche mit ihrem Buch "Wir Kinder vom Bahnhof Zoo" traurige Berühmtheit erlangte. Sie wohnte hier.

Aber wo viel Geld ist, wollen auch viele etwas davon haben. Durch die Insellage entwickelte die Stadt ihren eigenen Kosmos. Die Berliner Landesregierung – der Senat – war Alleinherrscher. Die Bundesregierung im weit entfernten Bonn wollte sich mit Berlin nicht beschäftigen. Deshalb flossen die Millionen und man hatte seine Ruhe. Es dauerte nicht lange, bis man den Eindruck gewinnen konnte, dass Wörter wie 'Filz' und 'Korruption' ihren Ursprung in Berlin hatten. Jedes Projekt, welches über die Anschaffung eines Mülleimers hinausging, entwickelte sich zum Finanzskandal. Geahndet wurde und wird so etwas bis zum heutigen Tage nicht. Bevor das Wort 'Globalisierung' erfunden wurde, waren in der Stadt Wirtschaft, Senat und Justiz vollkommen miteinander vernetzt. Worauf Konzerne wie Google und Facebook heute im großen Maßstab hinarbeiten, ist in unserer Hauptstadt seit über 40 Jahren gelebte Realität. Gesetze sind hier unnötig bedrucktes Papier. Der letzte Politiker, welcher hier pro forma vor Gericht stand, war der ehemalige Abgeordnete Landowski. Das Verfahren wurde – natürlich – eingestellt. Aber den finanziellen Schaden, welcher durch sein Handeln verursacht worden war, werden die Berliner noch in Generationen zahlen.

Diese Entwicklung ist der Grund, warum ich seit Jahren mit einem gewissen Unbehagen nach Berlin fahre. Heute bin ich beruflich hier. In geringem Umfang arbeite ich als Journalistin. Da ich aber auch ein Jura-Studium begonnen hatte, setzt mich mein Auftraggeber hin und wieder als 'Gerichtsreporterin' ein.

Während des Studiums hatte ich auch meinen Mann kennengelernt. Im Gegensatz zu mir hat er sein Studium beendet und arbeitet seit Jahren als Anwalt. In Berlin als Mitglied einer Sozietät und seit zehn Jahren in Hamburg mit eigener Kanzlei. Wir wohnen in einer schönen Vier-Zimmer-Wohnung in Altona. Für ihn war der Umzug eine regelrechte Befreiung. Die hiesige permanente Rechtsbeugung – anders kann man es nicht bezeichnen – machte ihn immer depressiver. Recht wurde nur noch verhandelt. Deshalb gibt es selbst bei Mord- und Totschlagsprozessen oft nur drei oder vier Verhandlungstage. Das Urteil steht schon vorher fest und der eigentliche Prozess ist nur noch eine lästige Pflicht. Die oder der Angeklagte wird vorher freundlich darauf hingewiesen, dass es eine höhere Strafe gibt, wenn ausführlich verhandelt werden soll. Hauptsache es geht schnell. Daher müssen Polizei und Staatsanwaltschaft nicht lange ermitteln. Das verringert auch die Gefahr festzustellen, mit den Anschuldigungen doch falsch zu liegen.

Inzwischen ist es hell und der Zug kurz vor dem Ziel. In schneller Folge wechseln die Stadtteile: Staaken, Spandau, Siemensstadt, Charlottenburg, Moabit. Schließlich öffnen sich die Türen und ich stehe auf einem sterilen Tunnelbahnsteig des Berliner Hauptbahnhofs. Die Rolltreppen befördern die Massen ans Tageslicht. Obwohl inzwischen zehn Jahre alt, liegt der Bahnhof immer noch mitten im Nirgendwo. Seit dem Mauerbau war hier Stadtrand, Brachland,

Ruinenlandschaft. Der Mauerfall hat daran kaum etwas geändert. Heute habe ich von den oberen Bahnsteigen einen Blick auf Reichstag und Kanzleramt. In der Filiale einer großen Backwarenkette, wie sie in jeder größeren Stadt zu finden ist, esse ich zwei belegte Brötchen und trinke einen Kaffee. Mein Ziel ist nur drei Bushaltestellen entfernt, und bei dem täglichen Verkehrschaos bin ich zu Fuß ohnehin schneller. Für einen Novembermorgen ist das Wetter angenehm und so mache ich mich auf den Weg. Ich gehe nach links in die Invalidenstraße. Ich verlasse den Bahnhof, einen modernen Glaspalast, in dessen unmittelbarer Umgebung ausschließlich moderne Beton-Zweckbauten stehen. Aber hinter der Kreuzung zum Tiergarten-Tunnel eröffnet sich sofort das alte Moabit. Die Gegensätze könnten größer nicht sein. Ein Arbeiterviertel mit viel Altbausubstanz und einem hohen Ausländeranteil. Es ist noch immer ein klassischer Berliner Kiez. Nur an eines muss ich mich gewöhnen. Seit Kurzem fährt hier wieder die Straßenbahn. Natürlich in moderner Form. Deshalb erschrecke ich etwas, als mich fast lautlos ein Zug überholt. Das Ende der Straße ist nach wenigen Minuten erreicht, und ein paar Schritte weiter steht ein Oberstufen-zentrum im tristen Grau der 70er Jahre. Aber allemal besser als das, was sich auf der anderen Straßenseite präsentiert: das Untersuchungsgefängnis Berlin-Moabit. Ein Gebäude aus der Kaiserzeit und noch heute in Betrieb. Eine völlig andere Welt mitten in der Hauptstadt der Bundesrepublik Deutschland. Hier, wo zu Zeiten Bismarcks, der Weimarer Republik und des Nationalsozialismus schon Gefangene untergebracht wurden, inhaftiert der 'Rechtsstaat' seine Delinquenten noch heute. Haftanstalten in der ehemaligen DDR wurden komplett modernisiert oder zu Gedenkstätten umfunktioniert. Hier dagegen hat die Berliner

Nachkriegsjustiz den Betrieb nach dem 2. Weltkrieg nahtlos weitergeführt. In den ältesten Berliner Gefängnissen gab es die ersten ernsthaften Veränderungen tatsächlich erst in den Zweitausendern – also Anfang dieses Jahrhunderts. Und das nicht, weil man nach der Wiedervereinigung meinte, Änderungen seien tatsächlich nötig, nachdem Berlin die Hauptstadt des wiedervereinigten Deutschlands geworden war. Nein, der Grund liegt außerhalb Deutschlands. Häftlinge hatten vor dem Europäischen Gerichtshof für Menschenrechte geklagt und so durften – mit Widerwillen – keine 5 m² großen Zellen mehr geduldet werden. Deshalb musste die JVA in der Lehrter Straße geschlossen und mehrere Häuser in Deutschlands ehemals größter Haftanstalt, der JVA Berlin-Tegel, stillgelegt werden. Aber die schlimmsten Zustände herrschten und herrschen nach wie vor in der JVA Berlin-Moabit. Das ist ein Untersuchungsgefängnis! Alle hier Einsitzenden haben kein rechtskräftiges Urteil. Es gilt die Unschuldsvermutung. Während meines kurzen Jurastudiums hatte ich das zweifelhafte Vergnügen, die Gebäudeteile von innen besichtigen zu können. Es gab 8 m² kleine Zellen ohne abgetrennte Toilette, die mit zwei Personen belegt waren. Alte Holzfußböden, nicht einmal eine Steckdose. Ansonsten alles, wie man es aus vielen alten Filmen kennt. Sternförmiger Aufbau des Gebäudes und jeder einzelne Flügel von oben bis unten einsehbar. Schmale Laubengänge an den Seiten, dazwischen gespannte Netze, um das Herunterspringen von suizidgefährdeten Gefangenen zu verhindern. Zur Erinnerung: Wir befinden uns nicht mehr im Nationalsozialismus, sondern in der Hauptstadt der Bundesrepublik Deutschland. Das Kanzleramt und der Reichstag sind nicht einmal einen Kilometer entfernt, das Bundesministerium für Justiz keine 500 Meter!

Nebenbei bemerkt war der damalige Besuch der Hauptgrund, mein Jurastudium abzubrechen.

Nach einigen Metern entlang der Rathenower Straße biege ich in die Turmstraße ab und stehe nach kurzer Zeit vor meinem eigentlichen Ziel: dem Landgericht Berlin. Deutschlands größtes Kriminalgericht ist ein beeindruckendes Gebäude aus der Zeit des Kaiserreiches. Aber in Berlin gab es sowieso nur zwei namhafte Architekten, welche das Stadtbild bis heute nachhaltig geprägt haben – Schinkel und Speer. Als einstige Hauptstadt von Preußen kann sich jeder vorstellen, mit welch monumentalen Ausmaßen hier schon immer gebaut wurde. Bevor ich die Straße verlasse, rauche ich noch eine Zigarette.

Gleich am Eingang werde ich von Sicherheitsschleusen und Personenkontrollen in Empfang genommen. Es gibt Drehkreuze. Handtaschen und anderes Gepäck werden durchleuchtet. Nach dem Procedere stehe ich in der großen Eingangshalle mit den offenen Treppen, welche nach rechts und links in die schier unendlichen Weiten des Gebäudes führen. Jedes Mal, wenn ich hierherkomme, wächst ein unerträgliches Gefühl in mir. Seit meinem Studium und der Ehe mit einem Anwalt wird mir immer bewusster, hier hat kaum etwas mit Recht zu tun. An nahezu jedem Punkt dieser Stadt findet man die sogenannten Stolpersteine oder andere Gedenktafeln, welche auf vergangenes Unrecht hinweisen. Wenn ich in diesem Gericht für jedes später begangene Unrecht einen Stein setzen wollte, würde ich über einen Sandstrand gehen.

Der Fall, über den ich berichten soll, wird in einem Gerichtssaal in der zweiten Etage verhandelt. Während ich die Stufen hinaufsteige, muss ich an ein Foto aus der Chronik dieses Gebäudes denken. Auf ihm sind viele Richter zu sehen. Sie stehen auf den Stufen der Treppen und bilden ein Spalier bis nach oben. Alle in brauner Uniform und mit Hakenkreuzbinde am Arm. Darunter der Hinweis: "1943 – die Richterschaft am Kriminalgericht". Sicherlich waren es nicht alle Richter, da bin ich mir sicher. Aber es wirft immer wieder ein Licht auf diese Stadt. Es sind nicht nur dieses Gericht und die Gefängnisse. Das größte Polizeirevier am Alexanderplatz hat sowohl im Dritten Reich als auch während der DDR-Diktatur nicht nur Kriminelle, sondern zahlreiche Politisch-Andersdenkende, Regimefeinde oder sonstige unerwünschte Personen beherbergt. Dieses Revier wird heute durch die Polizei genutzt. Egal ob Bundesrat oder zahlreiche andere Bundes- und Landesbehörden, fast jedes Gebäude aus NS- oder DDR-Zeiten ist in Betrieb. Wenn die Alliierten die Neue Reichskanzlei, die Repräsentanz Adolf Hitlers, nach dem zweiten Weltkrieg nicht gesprengt hätten, würde der Bundespräsident dort wahrscheinlich heute noch Staatsgäste empfangen.

Vor dem Saal stehen einige Leute, vermutlich sind auch Zeugen darunter, die im Laufe des Verfahrens aufgerufen werden. Im Saal sitzen vereinzelt ein paar Zuschauer auf den Bänken. In der ersten Reihe sehe ich einige 'Kollegen' der Boulevardpresse. Die dürfen natürlich nicht fehlen, denn im anstehenden Verfahren geht es um Kindesmissbrauch. Das ist für jedes Klatschblatt wichtig, um die Auflage zu erhöhen. Doch spätestens, wenn die Anklageschrift durch die Staatsanwaltschaft verlesen sein wird, werden sie die erste Pause nutzen und verschwinden. Am Urteil sind sie nur interessiert, wenn es hoch ausfällt, und bei einem Freispruch wird auf deren Titelseiten in großen Lettern "SKANDALURTEIL" zu lesen sein.

Ich entscheide mich für einen Platz in der dritten Reihe.

Dort sitze ich allein und kann alles gut überblicken. Ich nehme meinen Stenoblock und die angespitzten Bleistifte aus der Tasche. Seitdem ich einige Prozesse meines Mannes verfolgt habe, ist das eine feste Gewohnheit von mir. Da in deutschen Gerichten Bild- und Tonaufnahmen verboten sind, lernte ich auch diese fast vergessene Kunst erfahrener Sekretärinnen. Wer glaubt, dass die Aussagen beim Landgericht protokolliert werden, der irrt gewaltig. Zwar gibt es bei jeder Verhandlung eine Protokollantin, aber im späteren Verfahrensprotokoll steht trotzdem nur, wann die Verhandlung zwecks Pause unterbrochen und wann welche Zeugen oder Gutachter aufgerufen wurden. Mein Mann konnte einige Revisionsverfahren nur deshalb gewinnen, weil im schriftlichen Urteil etwas ganz Anderes stand, als während des eigentlichen Prozesses verlesen wurde. Das Gegenteil ließ sich nur anhand meiner Protokolle beweisen. Scheinbar war nicht nur mein Mann zufrieden, denn meine Berichte an die Auftraggeber sind immer entsprechend detailliert.

Endlich kommen die Beteiligten herein. Ich habe gar nicht mitbekommen, dass das Verfahren schon aufgerufen wurde. Rechts vor dem Fenster sitzt die Staatsanwältin, daneben ein Anwalt – vermutlich ein Nebenkläger. Neben ihm nimmt eine weitere Beteiligte Platz, aber im Gegensatz zu den Anderen trägt sie keine schwarze Robe. 'Das dürfte eine Gutachterin sein', denke ich und schaue zur anderen Seite. Dort sitzt bereits der Verteidiger auf seinem Platz. Vor ihm haben sich einige Fotografen in Stellung gebracht. Sie müssen nicht lange warten. Die Tür, durch die der Beschuldigte gebracht wird, öffnet sich, und flankiert von zwei Gerichtsdienern betritt er den vergitterten Bereich der Anklagebank. Dieser befindet sich hinter seinem Verteidiger. Der Angeklagte hält sich einen leeren Aktenordner vors Gesicht. Seine Schritte bis zur Bank wirken deshalb unsicher. Schuld daran ist das Blitzlichtgewitter, welches sofort eingesetzt hat. Als er endlich sitzt, beugt sich der Anwalt zu ihm und flüstert etwas. 'Wahrscheinlich sagt er seinem Mandanten nur guten Tag, ohne dass der den Ordner wegnehmen muss', schlussfolgere ich noch, bevor meine Gedanken abdriften. Abdriften zu dem Ort, wo er sich schon seit Monaten befinden dürfte: der JVA Berlin-Moabit. Dort ist er bis zum heutigen Tag in Verwahrung, egal ob schuldig oder nicht. Bei dem ihm zur Last gelegten Vergehen dürfte er von den Mitgefangenen schikaniert worden sein. Hätte er Drogen vor einer Schule verkauft oder bei einem Überfall Menschen erschossen, wäre das nicht der Fall. Dieses Verhalten ist aber nicht nur symptomatisch für viele Gefangene, sondern auch für einen Teil des Justizpersonals.

Endlich wird darum gebeten, das Fotografieren zu beenden, und wenige Sekunden später kann ich zum ersten Mal das Gesicht des Angeklagten sehen. Er wirkt müde und die dunklen Augenränder lassen ihn älter wirken. Dann erfolgt die Aufforderung, sich zu erheben. Das Hohe Gericht, bestehend aus Richtern und Schöffen, betritt den Saal. Der Vorsitzende Richter begrüßt alle Anwesenden und fordert uns auf, Platz zu nehmen. Der Prozess wird eröffnet.

Zuerst werden die Personalien des Angeklagten überprüft. Der Mann heißt Harald Bohrer, ist 36 Jahre alt, geboren in Nürnberg, seit mehr als 30 Jahren in Berlin wohnhaft und verheiratet. Er ist gelernter Anlagenbauer und bis zu seiner Inhaftierung über zehn Jahre als technischer Leiter in einem mittelständischen Maschinenbauunternehmen tätig gewesen. Herr Bohrer befindet sich seit nunmehr acht Monaten in Untersuchungshaft in der JVA Berlin-Moabit. Ob die vorgetragenen Angaben richtig seien, fragt der Richter, woraufhin der Angeklagte – aber auch sein Verteidiger – kurz nicken.

Es folgt der Staatsanwalt, ein Herr Liebig. Seine Aufgabe ist es, die Anklageschrift zu verlesen, womit er auch sofort beginnt. "Am 14. Oktober erscheint auf dem Polizeirevier in der Götzstraße in Berlin-Tempelhof die Zeugin Ulrike Bohrer, Ehefrau des hier Angeklagten. Sie gab an, dass sie am Vortag nach ihrer Rückkehr aus dem Fitnessstudio gegen 20 Uhr ihren Mann bei der gemeinsamen Tochter Sarah im Bett des Kinderzimmers vorfand. Beide waren nur mit Unterwäsche bekleidet, und sie konnte deutlich die Form des erigierten Penis ihres Mannes erkennen. So war für sie vollkommen klar, was sich während ihrer Abwesenheit ereignet hat. Zur Rede gestellt, antworteten ihr sowohl der Angeklagte wie auch die gemeinsame Tochter, dass sie sich nicht so haben und keinen Elefanten aus einer Mücke machen solle. Die gemeinsame Tochter war zum damaligen Zeitpunkt zwölf Jahre alt. Weiter gab die Zeugin Bohrer an, dass sie seit ca. eineinhalb Jahren zweimal wöchentlich ins Fitnessstudio geht. Daher ist davon auszugehen, dass der Angeklagte die Situation regelmäßig ausgenutzt hat, wenn die Zeugin nicht in der ehelichen Wohnung in der Ringbahnstraße in Berlin-Tempelhof anwesend war. Der Angeklagte wird des schweren, sexuellen Missbrauchs in mindestens 150 Fällen, in Tateinheit mit dem Ausnutzen einer schutzlosen Lage und des Inzests mit der eigenen Tochter nach den Paragrafen 176a StGB[1], 177 StGB und 173 StGB angeklagt."

Das versprach ein interessanter Fall zu werden. Mit der Anklageschrift ist jetzt schon klar, dass der Staatsanwalt völlig im Dunkeln tappt und bereits weiß, vollkommen daneben

---

[1] Strafgesetzbuch

zu liegen. Das kann man schon aus der Anzahl der mutmaß-
lichen Fälle ersehen. Die Frau ist seit 18 Monaten zweimal
wöchentlich außer Haus – ergibt 156 Mal deren Abwesenheit. Der Vater hat also sein Leben lang darauf gewartet,
dass seine Frau einer Aktivität nachgeht, um vom ersten
Tage an seine Tochter zu missbrauchen. Ein rein rechneri-
scher Wert und höchstwahrscheinlich völlig realitätsfremd.
Da bin ich wirklich auf die Zeugen gespannt.

Während ich noch meinen Gedanken nachhänge und einige Notizen mache, wird die erste Zeugin aufgerufen. Eine
Frau Lama-Schadler, Psychologin der Opferorganisation
"Heller Kreis" wird als Gutachterin aussagen. Im Auftrag der
Nebenklage und der Polizei sollte sie die Geschädigte befragen. Nach der Überprüfung ihrer Personalien beginnt sie mit
monotoner Stimme vorzulesen: "Am 24. Januar erschien die
zwölfjährige Sarah Bohrer in Begleitung von Frau Becker,
Mitarbeiterin des Jugendamts Tempelhof-Schöneberg. Sarah
schien altersgerecht entwickelt. Mit einer Körpergröße von
152 cm und einem Gewicht von 41 kg waren auch körperlich
keine Anomalien zu erkennen. Ihre Bekleidung erschien sauber. Ich informierte Sarah darüber, dass sie hier sei, weil sie
bisher weder bei der Polizei noch beim Jugendamt eine Aussage gemacht habe. Aus dem Polizeiprotokoll ging lediglich
hervor, dass sie gegen ihren Vater nicht aussagen und man
ihr das Wort doch nur im Mund herumdrehen würde. Nichts
von dem, was ihre Mutter erzählt hatte, wäre wahr."

Ich muss mir das Lachen verkneifen. 'Die Kleine ist pfif-
fig', schießt mir durch den Kopf, doch dann konzentriere ich
mich sofort wieder auf die Zeugin.

"Im weiteren Gesprächsverlauf beschwerte sich Sarah
wiederholt darüber, dass sie ihren Vater nicht besuchen
dürfe und ihm nicht einmal schreiben könne, da die

Staatsanwaltschaft dies untersagt habe. Immerhin konnte ich sie dazu bewegen, mir zu schildern, wie ihre Mutter zu der Aussage gekommen sei. Sarah äußerte, sie habe sich bei ihrem Vater darüber beschwert, wenn sie abends im Bett läge, würde sie sich seit Tagen durch einen tropfenden Wasserhahn im Bad gestört fühlen. Wenn ihr Vater es nicht glaubt, solle er sich zu ihr ins Bett legen und leise sein. Genau in diesem Augenblick wäre ihre Mutter vom Sport zurückgekommen. Aber der wahre Grund, warum ihre Mutter bei der Polizei diese Lüge von sich gegeben habe, sei ein ganz anderer gewesen. Dazu wollte sie sich jedoch nicht äußern. Noch am 14. Oktober wurde Sarah im Wenckebach-Krankenhaus einem Arzt vorgeführt. Sie wehrte sich gegen die gynäkologische Untersuchung. Erst auf richterliche Anordnung konnte sie durch zwei weibliche Polizeibeamte erneut dem Arzt vorgeführt werden. Dem Bericht war zu entnehmen, dass bis auf zwei Hämatome, welche durch die Polizei bei der erfolgten Vorführung entstanden sind, keine körperlichen Schädigungen erkennbar waren. Es konnte keine Spermaspuren oder Anhaftungen festgestellt werden, und ihr Hymen war intakt. Ob es sexuelle Übergriffe vonseiten des Vaters gab, lässt sich jedoch nicht mit Sicherheit ausschließen, da Kinder oft dazu neigen, einen Schutzmechanismus aufzubauen und solche Taten jahrelang auszublenden. Gemäß einem weiteren Protokoll der Ermittlungsbehörden vom 3. November wurden zahlreiche DNA-Spuren im Zimmer und im Bett der Geschädigten gefunden."

Frau Lama-Schadlers Ausführungen sind damit beendet. Alle Parteien verzichten auf weitere Fragen gegenüber der Gutachterin. In meinen Augen stellt sich lediglich die Frage, ob bereits ein Verfahren gegen die Polizei wegen der erfolgten Körperverletzung an Sarah eröffnet wurde. Aber ich bin in Berlin. Die hiesigen Behörden nehmen es mit solchen Umständen erfahrungsgemäß nicht so genau. Doch immerhin hat sich der Vorwurf vom 150fachen sexuellen Missbrauch auf 'einmal bei der Tochter im Bett liegen' geändert. Und die DNA-Spuren im Kinderzimmer müssen sein. Ich würde den Vater anklagen, wenn man dort keine Spuren gefunden hätte. Doch ein ordentliches deutsches Gericht lässt sich durch so etwas nicht erschüttern, deshalb wird ein Herr Gehrmann als nächster Zeuge aufgerufen.

Es erfolgt erneut das Procedere der Überprüfung der Personalien. Der Richter fragt, in welchem Verhältnis Herr Gehrmann zum Angeklagten steht, und jetzt werde ich wirklich überrascht. "Harald war mein technischer Leiter und ist mein Schwager. Aber wie kommt es eigentlich, dass dieser Kriminelle noch frei rumlaufen darf?" Herr Gehrmann zeigt auf den Staatsanwalt, welcher fast zur Salzsäule erstarrt.

"Herr Gehrmann, ich muss Sie auffordern, sich im Ton zu mäßigen", ermahnt ihn der Richter.

"Von wegen mäßigen. Der lässt sein Rollkommando ohne Sinn und Verstand in meine Firma einfliegen, lässt Harald verhaften, um ihn dann acht Monate unschuldig im Gefängnis schmoren zu lassen. Ich musste vor drei Monaten Insolvenz anmelden und alle zehn Mitarbeiter entlassen, da ich für Harald keinen Ersatz gefunden habe. Technische Leiter mit seinen Erfahrungen wachsen nicht auf Bäumen. Ich konnte meine Aufträge nicht mehr erfüllen. Und dass meine Schwester nur Scheiße erzählt hat, damit sie sich von ihrem Fitnesstrainer weiter ficken lassen kann, hat nach drei Monaten jeder gewusst. Das Jugendamt musste Sarah im Heim unterbringen und meine Schwester, die Schlampe, wohnt seit Monaten im Frauenhaus, weil ihr Stecher erst die Kohle der Familie verspielt, Sarah und Ulrike verprügelt und anschließend im

Drogenrausch die Hütte angezündet hat. Das weiß der alles und hat es wissentlich geschehen lassen." Während der ganzen Zeit ist Herr Gehrmanns Blick auf den Staatsanwalt gerichtet, der seinerseits so tut, als lese er etwas in der vor ihm liegenden Akte nach.

"Herr Gehrmann, ich denke, ihre Ausführungen haben uns wirklich weitergeholfen. Sie sind hiermit als Zeuge entlassen." Der Richter ist sichtlich irritiert. "Die Kammer unterbricht die Verhandlung für eine Stunde. Herr Staatsanwalt, bitte kommen Sie jetzt gleich in mein Büro."

Unter dem Publikum herrscht plötzlich große Unruhe. Gemeinsam verlassen wir den Gerichtssaal, und wie auch ich schlagen fast alle den Weg zur Gerichtskantine ein. Dort angekommen nehme ich mir ein Tablett und ordere das Tagesgericht – Pangasiusfilet mit Kartoffelsalat. Dazu noch ein Glas Mineralwasser. Ich bezahle und setze mich an einen kleinen Tisch am anderen Ende der Essenausgabe. Während ich bedächtig zu essen anfange, lasse ich den bisherigen Prozessverlauf noch einmal Revue passieren. Die letzte Aussage war ein Paukenschlag. Wenn das alles stimmt, kommen auf die Staatsanwaltschaft enorme finanzielle Forderungen zu. Allein die Insolvenz der Firma und die Forderungen der zehn entlassenen Mitarbeiter und deren Familien. Allerdings werden sie noch Jahre auf ihr Geld warten müssen, denn Zivilgerichtsverfahren durch alle Instanzen dauern ewig. Und die Staatsanwaltschaft wird durch alle Instanzen gehen. Erstens, weil sie es nicht bezahlen muss, und zweitens, weil sie niemals zugeben wird, etwas falsch gemacht zu haben. Das Letztere ist der wahre Grund. Obwohl Staatsanwälte zu den Ermittlungsbehörden gehören, fühlen sich die meisten als Richter und sind auch oft der Meinung, sie stünden über dem Gesetz. Ihr arrogantes

Handeln und die einseitige Betrachtung der Dinge lassen nur diesen Schluss zu.

Seitdem es das Nichtraucherschutzgesetz gibt, hat man Schwierigkeiten, seinem Laster nach dem Essen zu frönen. Als aufmerksame Beobachterin registriere ich schnell, wo die Raucher ihren Zufluchtsort gefunden haben und gehe auch dorthin. Nach einigen Zügen bemerke ich zwei Kollegen der Boulevardpresse, die im Gerichtssaal vor mir gesessen hatten. Sie diskutieren angeregt über den Fall. Ich bin erstaunt, dass sie noch hier sind und sich nicht irgendetwas Auflagensteigerndes ausdenken. Aber was nicht ist, kann ja noch werden.

Die Pause neigt sich dem Ende entgegen, und ich will die Fortsetzung des Prozesses nicht verpassen. Einige Zuschauer haben im Saal bereits wieder Platz genommen. Ich denke an den Angeklagten, Herrn Bohrer. Er wird die Pause in einer der gesicherten Wartezellen verbracht haben, die sich hier im Gerichtsgebäude befinden. Was mag in dem Mann vorgehen? Langsam füllt sich der Saal, und kurz bevor es weitergeht, wird der Beschuldigte von zwei Gerichtsdienern hereingebracht.

Jetzt erscheinen die Richter und Schöffen. Alle Anwesenden erheben sich und als ihnen gestattet wird, sich zu setzen, geht der Prozess weiter. Als nächstes wird eine Frau Fröhlich vom Jugendamt Tempelhof-Schöneberg aufgerufen. Wie bei allen anderen Zeugen auch, werden zunächst die Personalien überprüft. Dann beginnt sie mit ihrem Bericht.

"Im Oktober letzten Jahres wurde ich durch das Familiengericht zur Betreuung der Sarah Bohrer aufgefordert. Grund waren die Anschuldigungen der Kindesmutter, dass der Kindesvater gegenüber Sarah sexuell übergriffig geworden sei. Ich vereinbarte kurzfristig einen Termin, da die Kindesmutter bereits nach drei Tagen den Antrag beim Familiengericht gestellt hatte, dem Kindesvater das Sorge- und Aufenthaltsbestimmungsrecht zu entziehen, und ich zur Stellungnahme aufgefordert wurde. Sarah erschien in Begleitung ihrer Mutter und gab sich sehr verschlossen. Mama lügt, war das Einzige, was an Äußerungen zu gewinnen war. Die Kindesmutter, Frau Ulrike Bohrer, hat sich darüber sehr erzürnt und ihre Tochter beschimpft. Deshalb konnte ich nur einen weiteren Termin mit einer Psychologin vereinbaren. Die bis dahin vorliegenden Protokolle der Polizei und des Krankenhauses hatten nichts ergeben, was die Anschuldigungen der Kindesmutter bestätigt hätte. Im November fand dann im Familiengericht Tempelhof-Kreuzberg die Sorgerechtsanhörung statt. Nach einem erfolglosen Haftverschonungsantrag befand sich der Kindesvater immer noch in Untersuchungshaft. Da Herr Bohrer dadurch seinen Pflichten nicht nachkommen konnte, wurde ihm mit Beschluss noch am gleichen Tag das Sorgerecht entzogen. Eine Amtsvormundschaft für das fehlende Elternteil wurde angeordnet. Bei diesem Termin gab die Kindesmutter auch bekannt, dass bereits am 21. Oktober ein Herr Sven Schwanke als neuer Lebenspartner in der elterlichen Wohnung eingezogen wäre. Selbstverständlich wurde auch die Staatsanwaltschaft über alle Vorgänge informiert. Bereits am 22. November wurde ich erneut durch die Polizei zu diesem Fall hinzugezogen. Nachbarn hatten eine lautstarke Auseinandersetzung aus der Wohnung der Familie Bohrer gehört und die Ordnungskräfte gerufen. Beim Eintreffen hat die Polizei Herrn Schwanke stark alkoholisiert und äußerst aggressiv angetroffen. Sowohl bei Frau Bohrer wie auch bei ihrer Tochter Sarah waren Hämatome sichtbar, woraufhin beide zur Untersuchung ins

Krankenhaus gebracht wurden. Herr Schwanke wurde vorläufig festgenommen. Frau Bohrer verweigerte die ärztliche Untersuchung, ihre Tochter Sarah gab an, mehrfach von Herrn Schwanke geschlagen worden zu sein. Der diensthabende Arzt hat das bestätigt. Nach der Untersuchung wurden Frau Bohrer und Sarah nach Hause entlassen. Gemäß dem mir vorliegenden Polizeibericht vom 23. November wurde bei Herrn Schwanke noch am Tag seiner Festnahme eine Blutabnahme angeordnet. Dabei wurde ein Restalkoholwert von 2,7 Promille ermittelt. Außerdem wurden Kokain- und THC-Rückstände bei Herrn Schwanke festgestellt. Am 22. November wurde er wieder aus dem Polizeigewahrsam entlassen. Vier Tage später, also am 26. November wurde ich erneut durch die Polizei aufgefordert, im Zusammenhang mit der Familie Bohrer zu erscheinen. Herr Schwanke hatte wieder einen Streit mit Frau Bohrer. Er stand unter Drogen und hat mit Hilfe eines Brandbeschleunigers Feuer in der Wohnung gelegt. Sarah hat noch die Feuerwehr benachrichtigt und anschließend die Wohnung verlassen. Das Feuer konnte zwar gelöscht werden, doch die Wohnung ist seitdem unbewohnbar. Herr Schwanke wurde noch vor Ort festgenommen und später einem Haftrichter vorgeführt. Da er einen festen Wohnsitz hat, wurde er aber unter Meldeauflagen entlassen. Frau Bohrer wurde durch den Sozialdienst in eine Unterkunft für obdachlose Frauen gebracht, in der sie sich bis heute aufhält. Die Anschrift ist dem Sozialdienst bekannt. Mit Beschluss des Familiengerichts Tempelhof – Kreuzberg vom 27. November wurde der Kindesmutter das Aufenthaltsbestimmungsrecht für Sarah entzogen und meiner Behörde übertragen. Seitdem befindet sie sich in einer Jugendhilfeeinrichtung in Lichtenrade. Sie ist in der dortigen Gruppe gut integriert und ihre schulischen Leistungen sind konstant geblieben. Sie bekommt dort psychologische Unterstützung, fixiert sich jedoch auf ihr Verlangen, den Vater zu sehen. Das ist der aktuelle Stand in Bezug auf die Familie Bohrer."

Damit endet der Bericht von Frau Fröhlich. Sie wird als Zeugin entlassen und nimmt auf einer der Publikumsbänke Platz. Nun wird es richtig interessant, denn Frau Bohrer wird als nächste Zeugin aufgerufen.

Die Tür öffnet sich. Wenn man die Floskel 'ein Häufchen Elend' personifizieren möchte, dann jetzt. Langsam und mit gesenktem Kopf betritt Frau Bohrer den Saal. Ohne irgendeinen Blickkontakt aufzunehmen, setzt sie sich an den Tisch, an dem bereits die anderen Zeugen gehört wurden. Wenn ich sie so sehe, bekomme ich das Gefühl, die eigentlich Anzuklagende vor mir zu haben.

Das gewohnte Spiel mit den Personalien beginnt wieder. Diesmal mit dem Unterschied, dass der Richter Frau Bohrer bittet, etwas lauter zu sprechen. Die Zeugin ist kaum zu verstehen, so leise bestätigt sie die Angaben zu ihrer Person.

Die Befragung beginnt, und zuerst schildert Frau Bohrer den Fall so, wie sie ihn bei der Polizei zu Protokoll gegeben hat. Sie spricht immer noch sehr leise und sieht dabei auf den Boden. Dann beginnt ein Richter, ihr Fragen zu stellen.

"Frau Bohrer …", beginnt er und stockt kurz. "Wenn ich Sie richtig verstanden habe, konnten Sie keine sexuelle Handlung zwischen ihrem Mann und ihrer Tochter sehen?"

"Aber er hat doch bei ihr im Bett gelegen. Als er aufgestanden ist, hab ich deutlich den Halbsteifen in seiner Unterhose gesehen. Beide hatten nur Unterwäsche an und haben sich über mich lustig gemacht", empört sich Frau Bohrer immer noch leise und ohne den Kopf zu heben. "Sie haben bestritten, dass was gewesen ist und hätten nur wegen dem Wasserhahn im Bett gelegen."

"Warum sind Sie nicht gleich zur Polizei gegangen, sondern erst am nächsten Tag?"

"Ich wollte zuerst mit jemandem sprechen, weil ich nicht genau wusste, was ich machen sollte", beantwortet sie die Frage.

"Und dieser Jemand war Herr Schwanke?", führt der Richter sein Verhör weiter.

"Ja. Ich kenne ihn aus dem Studio. Weil ich wusste, dass er noch arbeitet, hab ich ihn erst am nächsten Tag angerufen. Er hat mir geraten, zur Polizei zu gehen."

"Wie lange hatten Sie zu diesem Zeitpunkt schon ein Verhältnis mit Herrn Schwanke?"

Diese Frage scheint Frau Bohrer wie ein Schock zu treffen. Da sie mit dem Rücken zu uns Zuschauern sitzt, kann ich ihre Augen nicht sehen. Aber sie hebt den Kopf und erstarrt förmlich. Nach einigen Sekunden senkt sie ihn wieder und kaum hörbar ist ein "Vier Monate" zu vernehmen.

"Frau Bohrer. Ist es nicht so, dass Sie durch die Anzeige versucht haben, Platz für den Nebenbuhler Ihres Manns zu schaffen? Schließlich ist Herr Schwanke schon drei Tage später bei Ihnen eingezogen."

"Nein. Wie kommen Sie darauf? Ich war, nachdem mein Mann verhaftet wurde, nur sehr allein und fand es toll, dass mir Herr Schwanke so geholfen hat."

"Geholfen?", fragt der Richter sichtlich erstaunt. "Indem er das Geld der Familie verspielt, Sie und Ihre Tochter geschlagen und letztlich obdachlos gemacht hat?"

"Das war doch erst viel später", ist von Frau Bohrer zu vernehmen.

"Gut", kommt es vom Richter. "Falls die Beteiligten keine weiteren Fragen an die Zeugin haben, beende ich hiermit die Vernehmung." Alle schütteln die Köpfe. Auch der Pflichtverteidiger von Herrn Bohrer, der bisher nur eine Gastrolle zu spielen scheint.

"Dann ist die Beweisaufnahme beendet. Alle Parteien haben sich im Vorfeld darüber verständigt, auf die Befragung der minderjährigen Sarah Bohrer zu verzichten, um sie durch das Verfahren nicht unnötig zu belasten. Daher bitte ich Staatsanwaltschaft, Nebenklage und Verteidigung um ihre Plädoyers."

Der Staatsanwalt beginnt und hält in seinem Vortrag fast wortwörtlich am Text der Anklageschrift fest. Er fordert eine Gesamtstrafe von sechseinhalb Jahren. Das ist unfassbar. Hat der Mann den Prozess nicht verfolgt oder nicht verstanden, was die Zeugen ausgesagt haben? Wie kann solch ein Mensch Staatsanwalt sein?

Dann erhebt sich der Anwalt der Nebenklage und gibt nur kurz: "Ich schließe mich der Staatsanwaltschaft an", von sich. Mir ist immer noch nicht ganz klar, wen er hier vertritt. Aber das ist bei den Nebenklägern meist auch nicht so wichtig. Als Vertreter eines Nebenklägers zu fungieren, hat sich in den letzten Jahren in fast explosionsartiger Geschwindigkeit zu einem sehr lukrativen Geschäftsfeld für Anwälte entwickelt. Sie sitzen nur da, tragen nichts bei und kassieren dafür die Tagessätze plus Auslagen. Bezahlt werden sie in aller Regel vom Steuerzahler oder vom Verurteilten. Wenn überhaupt, dann müssen sie sich gerade einmal mit den Prozessakten vertraut machen.

Endlich erhält der Verteidiger das Wort. In seinem Plädoyer fasst er die Fakten kurz zusammen und kommt zu einem Schluss: Sein Mandant ist ganz offensichtlich das Opfer einer hinterhältigen Intrige der Ehefrau geworden ist. Sie habe nur auf einen geeigneten Augenblick gewartet, um ihn des sexuellen Missbrauchs der gemeinsamen Tochter zu bezichtigen. Dann habe sie sofort das alleinige Sorgerecht beantragt, um gleich mehrere Fliegen mit einer Klappe schlagen zu können. Die Inbesitznahme der Wohnung und die aus den Umständen resultierende Zahlungsverpflichtung des Ehemanns und Vaters, letztlich also die Inbesitznahme des gemeinsamen Vermögens. Er fordert den sofortigen Freispruch für den Angeklagten.

Dann beginnt das übliche Spiel: Das Gericht zieht sich zur Beratung zurück. Eine halbstündige Pause wird angeordnet. Ich bin froh, dass der Fall bereits heute seinen Abschluss finden wird und mir eine weitere Reise nach Berlin erspart bleibt. Ich nutze die Gelegenheit, um meinen Mann anzurufen und ihn darüber zu informieren, pünktlich zu Hause anzukommen. Freunde haben uns Karten für die Elbphilharmonie geschenkt, und wir werden den Abend in Ruhe genießen können.

Zurück im Gerichtssaal geht alles ganz schnell. Der vorsitzende Richter verkündet das Urteil. "Im Namen des Volkes. Der Angeklagte wird zu einer Haftstrafe von neun Monaten wegen sexuellen Missbrauchs seiner Tochter verurteilt. Die Reststrafe von einem Monat kann nicht zur Bewährung ausgesetzt werden", sagt er emotionslos.

Ich kann nicht glauben, was ich soeben gehört habe. 'Selbst in jeder Bananenrepublik würde der Staatsanwalt ins Gefängnis kommen', geht mir durch den Kopf.

Dann spricht der Richter weiter. "Zur Begründung: Die Kammer ist nach Abwägung der Aussagen zur Auffassung gelangt, dass ein sexueller Missbrauch seiner Tochter nicht auszuschließen ist. Basierend auf dem psychologischen Gutachten muss festgehalten werden, dass es sich bei der Angabe der Tochter, es sei zu keinerlei Übergriffen gekommen, um eine Schutzbehauptung handelt. Erschwerend kommt die Aussage der Mutter hinzu, welche weiterhin an ihren Aussagen festhält. Das medizinische Gutachten ergibt keine Anhaltspunkte für einen schweren sexuellen Missbrauch, so dass zumindest dieser ausgeschlossen werden kann. Der Beschuldigte ist bisher strafrechtlich nicht in Erscheinung getreten, so dass die Kammer eine Freiheitsstrafe von neun Monaten für schuld- und tatangemessen hält. Die Reststrafe von einem Monat kann deshalb nicht zur Bewährung ausgesetzt werden, da Herr Bohrer in die Obdach- und Mittellosigkeit entlassen werden würde. Die JVA bekommt die Aufgabe, dafür zu sorgen, dass Herr Bohrer nach seiner Haftentlassung eine Unterbringungsmöglichkeit hat. Gegen dieses Urteil kann binnen einer Woche Revision eingelegt werden. Die Sitzung ist geschlossen."

Die Richter und Schöffen stehen auf und verschwinden schnell durch die Tür, welche sich unmittelbar hinter ihnen befindet, in den Beratungsraum. Der Verurteilte wird durch die Gerichtsdiener in die Katakomben geführt, die ihn unterirdisch zurück in die JVA Moabit führen. In seinem Gesicht ist die Fassungslosigkeit über das eben Gehörte zu erkennen.

Binnen einer Minute ist der Saal leer und ich sitze allein auf der Zuschauerbank. Der Schock über das soeben Erlebte lähmt mich noch. Wie in Trance erhebe ich mich endlich und strebe dem Ausgang entgegen. Ich muss das Gebäude unbedingt verlassen, muss auf die Straße, um wieder frei atmen zu können. Ich habe schon viele Fehlurteile erlebt, aber dieses ist schon vorsätzlich kriminell.

In Gedanken gehe ich die einzelnen Punkte durch. Allein die Untersuchungshaft war unbegründet und ungerechtfertigt. Die Ehefrau hat schon wenige Tage nach der Festnahme des Mannes den Antrag auf das alleinige Sorgerecht gestellt und den Geliebten in der Wohnung gehabt. Das wusste der Staatsanwalt und hätte spätestens jetzt erste Zweifel anmelden müssen. Das Besuchs- und Kontaktverbot mit der Tochter lässt sich rechtlich kaum begründen, weil in der Untersuchungshaft eine Kontrolle des persönlichen und postalischen Kontakts problemlos möglich gewesen wäre. Es ist die Pflicht des Staatsanwalts, auch für den Angeklagten zu ermitteln. Hätte er das getan, wäre ihm sofort aufgefallen, dass die Ehefrau nur einen Vorwand gesucht hat, um ihren Mann loszuwerden. Und das koste es, was es wolle. Gerade bei den Sexualstraftaten ist deshalb die Quote der Fehlurteile und der unschuldig Verurteilten besonders hoch. Eine Frau braucht nur etwas zu behaupten und schon beginnt die Lawine der Vorurteile über den Beschuldigten hinwegzurollen. Diese Methodik hat im Laufe der Zeit ihre eigene Dienstleistungsbranche hervorgebracht. Dabei war die ursprüngliche Idee von Opferorganisationen wie dem "Hellen Kreis" sehr gut. Opfer von Straftaten, insbesondere Frauen und Kinder brauchten Schutz und jemanden, der für ihre Rechte eintritt. Doch dann kam die Gier, gepaart mit den Lügen und inzwischen hängen viele Existenzen von der Aufrechterhaltung eines Modells ab, welches immer mehr für andere Zwecke missbraucht wird. Das betrifft die Mitarbeiter, aber genauso die Anwälte, die diese Organisationen beraten und vor Gericht als Nebenkläger vertreten. Alle wollen beschäftigt sein und Geld verdienen. Schon deshalb müssen die nicht unerheblichen finanziellen Mittel gerechtfertigt werden. Phrasen wie: "Es handelt sich um eine Schutzbehauptung", sind leider zu Standards geworden. So steht das Jugendamt in der Pflicht und will sich natürlich keine Versäumnisse vorwerfen lassen. Selbst personell unterbesetzt, wurden deshalb schon vor Jahren Leistungen an externe Betreuer, Gutachter und andere sogenannte Fachleute vergeben. Dass dabei die eigenen Kosten gesenkt werden konnten, war ein vorübergehender positiver Nebeneffekt des Apparats. In Wahrheit wurden Verträge mit privaten Organisationen geschlossen, die deren Trägern Geld garantieren, und das unabhängig davon, ob sie Kinder und Jugendliche betreuen oder nicht. Daher sind die Jugendämter gehalten, diese Plätze auch zu besetzen. Das macht das Jugendamt zufrieden und die Opferorganisation auch. Der Rubel rollt. Leidtragende sind Kinder und Familien, aber auch der Steuerzahler. Einen weiteren nützlichen Nebeneffekt bringt die Legalisierung bei Gericht mit sich. Sobald in einer Urteilsbegründung der Satz: "Die Kammer ist zur Auffassung gelangt, dass …", zu hören ist, kann man sicher sein, es mit einem Fehlurteil zu tun zu haben. Der Gesetzgeber hat der Rechtsstaatlichkeit einen Bärendienst erwiesen, indem er Richtern die Möglichkeit gegeben hat, die Beweislage außer Acht zu lassen. "Freie Beweiswürdigung" nennt man das, und sie ist der Grund, warum in einigen Staaten dieser Welt deutsche Gerichtsurteile nicht anerkannt werden. Sie folgen keinen rechtsstaatlichen Grundlagen. Aber es ist für alle Beteiligten eine Win-Win-Situation. Der Richter kann sein Urteil auf ein psychologisches Gutachten stützen und der beauftragte Gutachter beruft sich darauf, dass sein mehrere tausend Euro teures Pamphlet nur eine fachliche Hilfestellung für das Gericht bieten kann. Jegliche Verantwortung wird hin- und hergeschoben, und der Betroffene wird *schutzlos* zum Spielball der Justiz. Meist merkt man das erst, wenn man selbst davon betroffen ist – also zu spät.

Ich unterbreche meine Gedanken abrupt, denn plötzlich stehe ich wieder vor dem Berliner Hauptbahnhof. Ein wenig irritiert schaue ich mich um. Ich habe gar nicht bewusst wahrgenommen, wie ich hergekommen bin, so tief war ich in Gedanken versunken. Da ich kein Bedürfnis auf eine Zigarette verspüre, muss ich unterwegs wohl geraucht haben, überlege ich. Sicher bin ich mir allerdings nicht. In der Bahnhofshalle wird auf der großen Anzeigetafel der Eurocity nach Hamburg aufgelistet. Als geübte Vielfahrerin weiß ich, dass der Zug, der in einer viertel Stunde abfahren soll, aus Prag kommt. Ich gehe zum Bahnsteig und stelle mich auf die Höhe, wo vermutlich der Speisewagen halten wird. Obwohl ich heute schon gegessen habe, freue ich mich auf die Küche. Im Gegensatz zum Einheitsessen bei der Deutschen Bahn wird hier tatsächlich noch gekocht.

Nach wenigen Minuten rollen die glänzenden, blaugrauen Wagen der Tschechischen Staatsbahn langsam an mir vorbei. Ich hatte meinen Standort gut gewählt. Nur ein paar Meter, dann steige ich im Speisewagen zu und finde auch einen kleinen freien Tisch, an welchem ich während der Fahrt essen und meinen Artikel schreiben kann.

Während ich mein Gulasch esse und ein frisch gezapftes tschechisches Bier trinke, geht mir durch den Kopf, dass Herr Bohrer mit diesem Urteil das Sorgerecht für seine Tochter niemals wiederbekommen wird. Auch die Revision wird verworfen werden, denn es wird nicht geprüft, ob die Beweislage dem Urteil entspricht, sondern nur, ob das Verfahren formal gesetzeskonform abgelaufen ist. Und genau das ist es. Allein, dass sich das Gericht nicht einmal sachkundig gemacht hat, ob Herr Bohrer nach der Entlassung bei Freunden oder seiner Familie – zum Beispiel dem Schwager – hätte unterkommen können, ist eine Schande. Aber die Richter fahren jetzt wahrscheinlich nach Hause und machen morgen genauso weiter. Wenn ich morgen wieder nach Berlin führe, könnte ich mich in einen x-beliebigen Gerichtssaal setzen und würde mich hoher Wahrscheinlichkeit eine ähnlich hanebüchene Verhandlung erleben. Kein Wunder, dass die Gefangenenzahlen permanent steigen. Einmal mehr bin ich glücklich, Berlin den Rücken gekehrt zu haben.

Nachdem das Geschirr abgeräumt wurde, bestelle ich noch ein kleines Bier und klappe meinen Laptop auf. Ich will die Zeit nutzen und beginne, meinen Artikel zu schreiben.

"Ein schwarzer Tag für den Rechtsstaat

Vor dem Landgericht Berlin ist gestern ein bis dahin unbescholtener Familienvater zu einer Gefängnisstrafe von neun Monaten wegen angeblichen sexuellen Missbrauchs seiner Tochter verurteilt worden. Aufgrund schlampiger Ermittlungen seitens der Staatsanwaltschaft wurden innerhalb kürzester Zeit elf weitere Familien ihrer Existenz beraubt. Um hohe Regressforderungen an die Justiz zu verhindern, musste der in einer Schlüsselposition des inzwischen insolventen mittelständischen Unternehmens beschäftigte Angeklagte trotz gegenteiliger Beweise abgeurteilt werden. Die offensichtlich falschen Beschuldigungen der Ehefrau wurden durch die Richter nicht geahndet, womit auch die Aufstiegsmöglichkeiten des ermittelnden Staatsanwalts gewahrt blieben. Angeblich soll der Verurteilte Harald B. über einen Zeitraum von …"

Ein Herz für Kinder

Mein Name ist Marcel. Ich bin 15 Jahre alt und alleinerziehender Sohn. "Was soll das denn?", werden Sie sich jetzt sicherlich fragen. Ich will Sie nicht lange auf die Folter spannen und Ihnen von meinem Leben erzählen.

Ich lebe mit meiner Familie in einer deutschen Kleinstadt. Namen und Orte spielen keine Rolle, denn ich weiß, so wie mir geht es auch vielen anderen.

Zusammen mit meinen beiden kleinen Schwestern – aktuell sind sie acht und zehn Jahre alt – verlebte ich eine glückliche Kindheit in einer normalen, durchschnittlichen Familie. Abgesehen von den üblichen Alltagsproblemen gab es nie größere Schwierigkeiten. Das dachte ich zumindest.

Bereits bei der Geburt meiner jüngsten Schwester diagnostizierten die Ärzte bei Mama Multiple Sklerose, kurz MS. Das war ein Schock für uns. Meine Eltern erklärten mir später, was dabei genau passiert und wie der Krankheitsverlauf aussieht. Knochen und Gelenke versteifen, die motorischen Fähigkeiten lassen nach, und das Sehvermögen verschlechtert sich. MS ist bis heute nicht heilbar. Mit einigen Medikamenten kann man den Verlauf der Krankheit verzögern. Aus Selbsthilfeforen im Internet weiß ich, es gibt Leute, die seit 15 Jahren MS haben und sogar noch Leistungssport betreiben. Mama gehörte nicht dazu, denn beim Krankheitsverlauf gibt es immer wieder sogenannte Schübe. Bei jedem Schub verschlechtert sich die Situation des Betroffenen. Mama hatte viele Schübe. Nach vier Jahren saß sie im Rollstuhl, inzwischen ist sie fast blind.

Unser Vater kam mit der Situation nicht klar. Arbeit, drei Kinder, ein Haus und eine Frau im Rollstuhl waren zu viel für ihn. Er zog aus, als ich 13 war. Danke Papa.

Er nahm sich eine Siebzehnjährige, mit der er inzwischen auch ein Kind hat. Mein Halbbruder ist also auch schon zwei Jahre alt. Er wohnt mit seiner neuen Familie knapp 200 km von uns entfernt, und der Kontakt ist nicht mehr der Rede wert. Zuletzt hat er uns Kindern Weihnachtspakete geschickt. Jetzt ist Mai. Aber immerhin zahlt er Unterhalt. Da er als Gas-Wasser-Installateur arbeitet, reicht sein Facharbeitergehalt nicht einmal ansatzweise, um den Mindestsatz für uns drei zahlen zu können. Geschweige denn für Mama, und so teilen wir das Schicksal Millionen Deutscher und leben von Sozialhilfe. Immerhin ist das sicherer als das Arbeitslosengeld II – im Volksmund Hartz IV genannt. Dadurch, dass Mama nicht arbeitsfähig ist, bekommen wir das Geld vom Sozialamt. Das muss nicht alle sechs Monate neu beantragt werden, und so bleibt mir wenigstens diese Arbeit erspart.

Ja, mir bleibt die Arbeit erspart. Wer sonst soll sich um den Papierkrieg kümmern? Was das Bearbeiten von Formularen betrifft: Ich bin inzwischen Profi. Mama hat zwar auch eine Pflegekraft, aber mehr als vier Stunden täglich von Montag bis Freitag stehen ihr nicht zu. Die Arbeit der Pflegekraft besteht deshalb überwiegend darin, mit Mama durch die Gegend zu fahren. Ämter, Behörden und vor allem ihre Ärzte befinden sich in der Kreisstadt. Bei den langen Wartezeiten kommt es oft vor, dass die vier Stunden nicht mal reichen. Dazu kommt: Die Pflegekraft hat in ihren eigentlichen acht

Stunden Arbeitszeit drei Vier-Stunden-Pflege-Anspruchsbe-
rechtigte zu betreuen. Es gibt einfach zu wenig Personal. Als
sie mir mal erzählt hat, wie viel sie verdient, habe ich sofort
verstanden, warum das so ist.

Deswegen helfe ich Mama morgens beim Anziehen und
Waschen, bereite das Frühstück und die Schulbrote für meine
Schwestern und mich zu. Gymnasium und Abitur habe ich
mir schon längst abgeschminkt. Ich habe gar nicht die Zeit
zum Lernen. Ich bin durchaus zufrieden, in der Realschule
mithalten zu können, und mein Notendurchschnitt von 2,1
kann sich meiner Meinung nach immer noch sehen lassen.

Wenn ich auf dem Heimweg nicht noch zur Apotheke
oder in den Supermarkt muss, kann ich mich, sobald ich zu
Hause bin, um die Hausarbeit kümmern. Und damit meine
ich nicht die Aufgaben für die Schule. Auf mich warten
Staubsaugen, Aufräumen, Essen machen und alles, was sonst
noch so anfällt. Zum Glück ziehen meine kleinen Schwestern
mit, aber deren Hausaufgaben kontrolliere ich schon noch.
Während die beiden nachmittags etwas spielen – sie sollen
schließlich auch so etwas wie eine Kindheit haben – setze ich
mich mit Mama zusammen, um Post- und Banksachen zu erledigen.

Ein Problem ist unser ständiger Begleiter: das knappe
Geld. Wir kriegen zwar Sozialhilfe und Mama bekommt
noch das Pflegestufengeld, aber leider nur die niedrigste
Stufe. Es würde auch Geld für Angehörige geben, die im
Haushalt leben und Pflegeleistungen erbringen. Für einen
Sohn zum Beispiel. Doch das gibt es leider nicht, wenn der
Sohn minderjährig ist. Er könnte diese Leistungen schließlich
niemals erbringen – welch ein Hohn! Doch eine Vollzeitpfle-
gekraft gibt es nicht, da zu erkennen ist, dass Mama alles im
Griff hat. Um das festzustellen, waren extra Kontrolleure bei

uns. Sollte ich etwa alles verrotten lassen, damit wir durch einen neuen Antrag vielleicht Hilfe bekommen? Vielleicht aber auch nicht und mit Glück in zwei oder drei Jahren! Die Bearbeitung eines solchen Antrags nimmt nämlich viel Zeit in Anspruch. Bis dahin ist Mama wahrscheinlich tot.

Das Kindergeld und die Unterhaltszahlungen von Papa werden zum Glück nicht vollständig auf unser Einkommen angerechnet. Doch allein das Geld für Medikamente und Rezeptgebühren, welches wir immer wieder vorstrecken müssen, ist oft schon ein kleines Vermögen. Aber wir sparen wo wir können. Zum Beispiel das Geld für den Fußballverein, in dem ich einige Jahre war. Geld für Klassenfahrten muss ich auch nicht mehr bezahlen. Wer soll mich währenddessen daheim ersetzen? Ich bin schon zufrieden, wenn zwei- oder dreimal pro Woche mein bester Freund zu Besuch kommt, und wir ein paar Stunden am Rechner zocken oder Gitarre spielen können. Ab und an bin ich mit ihm am Wochenende auch auf einer Party, ansonsten ist im Ort nicht viel los. Viele aus meiner Klasse haben schon ein Mofa und fahren dann in die Kreisstadt. Bei mir reicht es nicht einmal für ein neues, preiswertes Fahrrad.

Über einen Verein werden Reisen für Kinder und Jugendliche aus sozial schwachen Familien angeboten. Mama hatte darauf gedrängt, dass meine Schwestern und ich in den Ferien mal eine Woche wegfahren. Eine Freundin von Mama blieb in der Zeit bei uns, und so hatten die Frauen Zeit für sich. Bestimmt wollten sie auch mal allein sein und eine Woche ungestört quatschen – Frauengespräche eben.

Von meinen Schwestern wurde ich jedenfalls – mit einer demokratischen Zwei-Drittel-Mehrheit – zu 'Ferien auf dem Reiterhof' gezwungen. Meine Begeisterung hielt sich in Grenzen. Vor Ort musste ich jedoch feststellen, es hatte durchaus was für sich, dort der einzige Junge zu sein. Zwei Mädchen, eine zwölf und die andere dreizehn, buhlten um mich. In dieser Woche machte ich meine ersten sexuellen Erfahrungen.

Wieder zu Hause merkte ich schlagartig, was mir fehlte. Doch für eine Freundin habe ich weder das Geld, geschweige denn die Zeit. Ich musste meine Rolle als Familienoberhaupt erneut aufnehmen.

Warum ich Ihnen das alles erzähle? So geht es doch in vielen Familien zu. Egal, ob die Eltern krank, behindert, drogen- oder alkoholabhängig sind: unzählige Kinder übernehmen in unserem Sozial- und Wohlfahrtsstaat die Rollen, welche eigentlich deren Eltern erfüllen sollten. Doch das wird einfach totgeschwiegen, weil es nicht geben kann, was es nicht geben darf. Diese Kinder bekommen dadurch auch keinerlei Unterstützung. Warum machen sie das dann? Weil sie wissen, die Alternativen wären Heime oder Pflegefamilien, oft sogar getrennt von den Geschwistern. Deshalb leiden tausende Kinder in unserem Staat lieber still und mit der Hoffnung, dass niemand etwas merkt. Wobei sie sich diese Sorgen gar nicht machen bräuchten. Unsere Gesellschaft hat das Wegsehen schließlich zur Normalität gemacht.

Allerdings gibt es da auch eine Ausnahme, und die bringt vermeintliche Heldinnen und Helden hervor. Das sind Leute, die völlig haltlos andere Menschen des sexuellen Missbrauchs bezichtigen, um selbst Lob, Anerkennung oder mediales Interesse zu erheischen. Das mussten zwei Klassenkameraden erleben, deren Familien auf diese Weise zerstört wurden. Aber das ist ein anderes Thema und gehört auch nicht zu mir.

Ich habe jetzt viel Zeit. Seit zwei Wochen bin ich im Krankenhaus. Ich war von einem Augenblick zum anderen einfach zusammengebrochen. Meine kleine Schwester hat die Feuerwehr gerufen und seitdem bin ich hier. Ich hatte mich von einem aus der Schule zu Aufputschmitteln überreden lassen. Die Anforderungen in der Schule sind immer höher geworden und manchmal gab es Tage, da bin ich im Unterricht einfach eingeschlafen. Irgendwann hat dann mein Kreislauf nicht mehr mitgespielt.

Jetzt liege ich im Bett, kann fernsehen und habe seit Jahren zum ersten Mal das Gefühl der Entspannung. Das Krankenhaus hat bei der Krankenkasse eine Notfallpflegekraft beantragt, die schon am Tag nach meiner Einlieferung als Hilfe bei meiner Familie ankam. Ein Sozialdienst bringt auch jeden zweiten Tag meine Mutter und meine Schwestern zu mir. Wie sonst sollten sie mich besuchen können in der Kreisstadt? Das alles funktioniert natürlich nur, solange ich hier bin.

Mit meinem Krankenpfleger konnte ich mich gestern in Ruhe unterhalten. Er wollte natürlich wissen, wie ich in diese Situation gekommen war. Nach meiner kurzen Schilderung reagierte er empört und sagte: "Du hättest dich nicht missbrauchen lassen sollen!"

Dann hab ich ihm erklärt, wie unser Staat funktioniert.

Gespräche

Mittwoch, 4. Januar 2017

Ich stehe bereits vor meinem Ziel, dem Bürogebäude in der Poststraße. Ich bin viel zu früh dran, aber ich möchte mir nicht nachsagen lassen, zu spät gekommen zu sein. Immerhin bin ich nicht freiwillig hier. Es geht um einiges und während ich noch einige Minuten warte, betrachte ich die Tafel mit den unzähligen Schildern. Ich finde auch den Namen, der auf meinem Zettel steht: "Günther Hoppe, Diplom-Psychologe und Psychotherapeut, 4. OG, Termine nach Vereinbarung".

Meiner ist um 11 Uhr. Der Fahrstuhl im Gebäude bringt mich nach oben. Schnell finde ich die Praxis. Durch die Glastür sehe ich nichts – sie ist aus Milchglas. Der rote Klingelknopf sticht mir ins Auge. "Bitte läuten" steht darauf. 'Ja was denn sonst?', denke ich und folge der Aufforderung. Eine Zeit lang passiert nichts und ich spüre eine gewisse Verunsicherung in mir aufsteigen, aber dann taucht die Kontur eines Mannes hinter dem Milchglas auf. Er öffnet die Tür und lächelt mich freundlich an. Ich schätze ihn auf Ende dreißig und ungefähr einen Meter fünfundachtzig. "Hi, ich bin Marie Förster", stelle ich mich vor.

"Hallo Frau Förster. Schön, Sie zu sehen. Treten Sie doch

bitte ein." Er tritt einen Schritt zur Seite und macht eine einladende Geste. "Hier entlang bitte", deutet er auf einen zweiten Raum und folgt mir. "Bitte nehmen Sie Platz", sagt er freundlich und zeigt auf einen Stuhl.

Ich setze mich und schaue den Psychologen erwartungsvoll an.

"Frau Förster, wir wollen uns heute kennenlernen. Ganz freiwillig sind Sie ja nicht zu mir gekommen", sagt er, und das angedeutete Schmunzeln macht ihn durchaus sympathisch.

"Da haben Sie recht", gebe ich kleinlaut zu. "Das Gericht hat mich vor die Wahl gestellt. Entweder sechs Monate Haft oder Therapie. Ich hab mich für die Therapie entschieden, meiner beiden Kleinen wegen. Die will ich nicht auch noch verlieren."

"Sie meinen Ihre Töchter?"

"Ja, Clarissa und Julia. Sie sind gerade fünf und sieben Jahre alt. Julia ist vor einem halben Jahr eingeschult worden und es macht ihr dort riesigen Spaß."

"Das hört sich doch gut an. Aber bleiben wir bei Ihnen. Ich habe letzte Woche vom Gericht die Akten bekommen und sie ungelesen im Schrank verschwinden lassen. Ich möchte mir von Ihnen eine eigene Meinung bilden, die nicht durch die Gutachten von Kollegen beeinflusst ist. Einige neigen leider dazu, für die Gerichte zu schreiben, um sich weitere Aufträge zu sichern."

"Ja, das kenne ich." Ich merke, wie ich deutlich entspannter werde.

"Waren Sie schon einmal in psychologischer Behandlung?"

"Ja, ich war immer wieder mal für ein paar Tage in der Psychiatrie. Das fing schon an, als ich noch Jugendliche war."

"Dann kennen Sie den Ablauf solcher Sitzungen, wie wir sie jetzt führen sollen?"

"Ja."

"Da Sie über gewisse Erfahrungswerte verfügen, wäre es für mich interessant zu wissen, ob Sie bereit sind, sich erneut zu öffnen?"

"Warum nicht. Inzwischen kennen so viele Leute mein Scheißleben, da kommt es auf einen mehr oder weniger auch nicht mehr an."

"Das klingt sehr verbittert."

Ich zucke nur mit den Schultern. "Angeblich wollten schon so viele nur mein Bestes, aber letztlich haben sie mir nur in den Arsch getreten, mir meine Kinder weggenommen oder mich ausgenutzt. Ich war halt blöd genug, mich ausnutzen zu lassen."

"Das ist immerhin schon eine Erkenntnis. Wollen wir gemeinsam versuchen, das alles aufzudröseln?"

"Hab ich eine Wahl?"

"Eine Wahl hat man immer."

"Wenn Sie's sagen", räume ich ein, obwohl ich keine Wahl habe, schließlich sitzt mir das Gericht im Nacken.

"Ich mache mir Notizen während Sie erzählen und stelle eventuell einige Zwischenfragen. Lassen Sie uns bei Ihrer Kindheit beginnen."

"Meinetwegen. Was wollen Sie wissen?"

"Wann und wo wurden Sie geboren?"

"Geboren wurde ich 1995 in einem kleinen Kaff in Niedersachsen. Meinen Vater hab ich nie kennengelernt. Meine Mutter hat mir nur erzählt, dass es bei meiner Geburt Probleme gegeben haben soll."

"Haben Sie Geschwister?"

"Nein, ich bin Einzelkind. Schuld daran waren diese

Probleme während meiner Geburt. Ich hab nichts davongetragen, aber bei meiner Mutter wurde etwas später die Gebärmutter rausgeholt. So zumindest hat sie's mir erzählt."

"Sie wissen also nicht konkret, worin diese Probleme bestanden haben?"

Ich schüttele nur den Kopf. "Keine Ahnung."

"Wie war Ihre Kindheit? Hatten Sie ein behütetes Zuhause?"

"Wir hatten nur eine kleine Wohnung. Meine Mutter wohnt immer noch dort. Seitdem ich denken kann, war ich irgendwie im Weg oder hab sie gestört."

"Wie meinen Sie das?"

"Wie schon. Jeden Tag kamen Männer zu meiner Mutter, haben mit ihr gesoffen und rumgemacht. Oft gab es dabei Gewalt, wenn die Typen sich mit ihr in die Haare bekommen haben. Allerdings ging das meist von meiner Mutter aus. Sie wird extrem aggressiv, wenn sie besoffen ist und hat 'ne lockere Hand. Dann spielt es keine Rolle, ob ein Zweimetermann vor ihr steht oder ein Kind."

"Wurden Sie oft geschlagen?"

Ich zucke mit den Schultern. "Was heißt schon oft? Ich hab gelernt, damit umzugehen. Manchmal hab ich mich sogar gefreut, wenn einer der Typen es sich nicht hat gefallen lassen und zurückgeschlagen hat. Aber das war nur, wenn sie mich am Vortag vermöbelt hat."

"Können Sie sich noch erinnern, wie lange das so ging?"

"Ungefähr bis ich fünf war. Dann hat sie Volker kennengelernt und der hatte sie einigermaßen im Griff. Er ging sogar arbeiten und eine Zeit lang soff meine Mutter weniger. Er war recht lange mit ihr zusammen."

"Wissen Sie noch, wie lange ihre Mutter mit ihm zusammen war und wie war diese Zeit für Sie?"

"Das ging schon eine Weile. Ich glaube, für ihn war es hauptsächlich der Sex, weswegen er bei ihr geblieben ist. Ich hab natürlich mitbekommen, dass sie ständig gefickt – äh, Entschuldigung, ich meine, dass sie ständig rumgemacht haben."

"Kein Problem." Herr Hoppe sieht mich an. "Sie müssen sich hier nicht verstellen und können reden wie Sie wollen. Das ist schließlich ein Teil von Ihnen. Je authentischer Sie sind, desto besser kann ich mir eine Meinung über Sie bilden." Sein Blick ist verständnisvoll. "Ich bin kein Richter, sondern ein Seelenklempner." Er schmunzelt. "Kommen wir zurück zur eigentlichen Frage. Wie war diese Zeit mit Volker für Sie?"

"Okay." Ich denke kurz nach. "Naja, wie war diese Zeit? Ich hab halt jeden Tag gesehen, was zwischen ihm und meiner Mutter abgeht. Ich meine …"

"Im Bett."

Ich nicke. "Sozusagen."

"Hat das bei Ihnen etwas ausgelöst?"

"Na klar. Ich hab oft mitbekommen, wenn sie rumgevögelt haben, und das war nicht nur im Bett. Mir war schnell klar, dass meine Mutter darauf stand und es was Gutes sein musste, zumal sie auch tagsüber oft …, naja, an sich rumgespielt hat."

"Sie meinen, Ihre Mutter hat vor Ihnen masturbiert?"

"Nicht direkt vor mir, aber auch nicht so richtig heimlich. Volker kam ja immer erst um acht Uhr abends von der Arbeit, und solange konnte sie halt nicht warten. Irgendwann hat sie auch wieder angefangen, mehr zu trinken und mir dann ab und zu eine Tracht Prügel verpasst. In der Zeit hab ich jedenfalls angefangen, manchmal an mir rumzuspielen und das hat sich nicht schlecht angefühlt. Es hat dann auch nicht mehr lange gedauert, bis es Stress mit Volker gegeben hat. Der war natürlich sauer, wenn sie besoffen war, weil sie dann zu streiten und zu schlagen angefangen hat. Irgendwann ist er abends zu mir ins Bett gekommen und hat gemeint, er hätte keine Lust, bei der Besoffenen zu schlafen und sich auch noch von ihr verprügeln zu lassen."

"Hat er oft bei Ihnen geschlafen?"

"Irgendwann fast täglich. Ich fand das gut, weil ich mich mit ihm unterhalten und mich bei ihm ankuscheln konnte. Ich hab natürlich gemerkt, dass er dabei einen Ständer bekommen hat, und weil er gewusst hat, dass ich schon ein paar Mal heimlich gesehen hatte, wie er mit meiner Mutter vögelt, hat er mich sein Ding auch anfassen lassen. Ich wusste ja schon, wie er aussieht. Er hat mir dann gesagt, es fühlt sich fast genauso an, wie wenn ihn meine Mutter in die Hand nimmt und mir erklärt, was ich machen muss. Das haben wir dann jeden Abend so gemacht, wenn er bei mir im Bett gelegen hat.

"Okay, Frau Förster. Lassen Sie uns für heute an dieser Stelle unterbrechen. Ich würde vorschlagen, wir machen einen Termin pro Woche. Sind Sie einverstanden?"

"Bin ich."

Mittwoch, 11. Januar 2017

Ich bin pünktlich in der Praxis von Herrn Hoppe.

"Hallo, Frau Förster", begrüßt er mich. "Ich habe es beim letzten Mal völlig versäumt, Ihnen etwas anzubieten."

"Ein Kaffee wäre toll. Mit Milch und zwei Stückchen Zucker bitte."

Während Herr Hoppe den Kaffee zubereitet, mache ich es mir auf dem Platz von letzter Woche bequem. Er stellt zwei Tassen auf den Tisch und nimmt sich seinen Notizblock.

"Lassen Sie uns beim letzten Mal anknüpfen. Sie hatten berichtet, wie Volker angefangen hat, Sie zu missbrauchen."

"Nennen Sie es, wie Sie wollen. Ich hab das nie als Missbrauch empfunden, zumal es mir doch Spaß gemacht hat. Außerdem hat er mich vor meiner Mutter beschützt. Da ist es doch legitim, auch was für ihn zu tun. Es lief auf Gegenseitigkeit, wenn Sie verstehen, was ich meine."

"Wie lange …?" Herr Hoppes Blick ist Frage genug.

"Das so lief?" Der Psychologe nickt. "Bis er mir beigebracht hat, ihm einen zu blasen. Das war nach ungefähr zwei Wochen. Mama hat mich seitdem meistens in Ruhe gelassen, aber wenn Volker arbeiten war, sind andere Männer zu ihr gekommen. Mit denen hat sie gesoffen und gefickt, so dass sie abends sowieso breit war. Einige von diesen Typen haben mir Süßigkeiten und kleine Geschenke mitgebracht, damit ich Volker nichts erzähle. Aber das hätte ich sowieso nicht gemacht, weil ich ihn ja sonst nicht mehr für mich gehabt hätte."

"Wie lange ging das so?"

"Bis ich eingeschult wurde. Das war mit sechs. Ich weiß noch, wie stolz ich auf meine große Schultüte gewesen bin. Sie war randvoll gefüllt und ich konnte sie kaum tragen. An dem Abend hat mir Volker auch das Ficken beigebracht. Das ist der glücklichste Tag meines Lebens gewesen, weil ich endlich kein kleines Mädchen mehr war, sondern eine Frau. Ich glaube, ich hab damals tagelang gegrinst. Tagsüber sind zwar immer noch Männer zu Mama gekommen, aber abends kam Volker zu mir. Nur an den Wochenenden war's anders, da hat er noch bei ihr geschlafen, wenn sie nüchtern geblieben ist. Da hat sie aber bestimmt schon gewusst, dass er auch mit mir fickt."

"Hat Ihre Mutter jemals was gesagt?"

Ich schüttele bedächtig mit dem Kopf. "Nein, hat sie nicht. Irgendwie muss sie zufrieden gewesen sein, dass es so lief. Sie hatte ja auch was davon, vermute ich."

"Wie ging es mit Ihnen weiter?"

"Die Schule hat mir Spaß gemacht und in der zweiten Klasse ist Agnes meine beste Freundin geworden. Sie ist in die Parallelklasse gegangen und hatte ganz liebe Eltern. Ich bin fast jeden Tag nach der Schule mit zu ihr gegangen und hab dort auch mitgegessen. Warmes Essen nach der Schule war etwas völlig Neues für mich, und der Vorteil war ja auch, dass ich zu Hause meine Mama nicht ertragen musste. Agnes' große Schwester, die Frauke, hab ich dann auch kennengelernt. Sie ist damals elf gewesen. Abends war ich aber immer pünktlich zurück und dann hat es ja nicht mehr lange gedauert, bis Volker auch gekommen ist. Mama war sowieso meistens blau, und deshalb konnte ich mit Volker jeden Abend ficken."

"Wann gab es Ihre ersten sexuellen Kontakte mit anderen Männern?"

Ich überlege kurz. "Als Frauke zwölf war hatte sie ihren ersten Freund. Er hieß Marc und war vierzehn. Er hat toll ausgesehen. Agnes und ich waren natürlich neugierig und sind öfter in Fraukes Zimmer reingeplatzt, wenn Marc da war. Einmal haben sie beide auf dem Bett gelegen und Fraukes Hand hat in seiner Hose gesteckt. Sie ist ausgeflippt und hat uns wütend rausgeschmissen. Marc hatte auch gesagt, wir Babys sollen abhauen. Ich weiß noch, wie ich verärgert gerufen habe, dass wir keine Babys mehr sind. Zwei Tage später, als Marc wieder bei Frauke war, wollte er uns mit seinem Babygefasel ärgern, und da hat er gesagt, wenn ich kein Baby mehr bin, kann ich ihm ja einen blasen, um es zu beweisen. Obwohl Frauke und Agnes dabei waren, hab ich mich hingekniet und wollte ihm den Reißverschluss aufmachen, aber da hat er wohl Schiss bekommen und mich panisch verscheucht. Erst eine Woche später waren wir dann kurz allein, und da hat er mich gefragt, ob ich am Donnerstag mit zu ihm nach Hause kommen würde. Er hat gewusst, dass wir zur selben Zeit Schulschluss haben. Ich hab Ja gesagt und war auch ganz stolz, weil er mich eingeladen hat und nicht eines der anderen Mädchen aus der Schule. Da waren auch ältere, die ihn angehimmelt haben. Also bin ich an diesem Donnerstag mit zu ihm gegangen. Er kam gleich zur Sache und hat mich gefragt, ob ich ihm einen blase, wenn er mir fünf Euro gibt. Ich hätt's auch umsonst gemacht. Er war schnell zufrieden und ich stolz auf mein erstes selbstverdientes Geld. Wir haben uns dann jeden Donnerstag bei ihm getroffen und einmal hat er von seinem Freund erzählt. Der wollte mir sogar zehn Euro geben, wenn ich ihm einen blase. 'ne Woche später hab ich's dann gemacht. Dieser Freund kam in die Wohnung von Marc, war aber schon älter als Volker. Marc hat im Wohnzimmer gesessen und gewartet, während ich mir den Zehner in seinem Zimmer verdient hab. Als ich fertig war, hat er mich gefragt, ob er mich für zwanzig Euro auch ficken darf. Das hab ich mir nicht entgehen lassen und danach hab ich noch mehr ältere Freunde von Marc kennengelernt. In kürzester Zeit hatte ich so viel Geld zusammen, dass ich gar nicht mehr wusste, wohin damit. Es war toll. Alle hatten mich gern. Ich wurde ständig eingeladen und war auf irgendwelchen Partys, bei denen aber meistens nur Jungs oder Männer waren. Diese Partys haben immer am Nachmittag stattgefunden, und deshalb war ich abends pünktlich zu Hause. Dort hat's auch immer Alkohol gegeben, aber der hat mir nicht geschmeckt. Bis auf einmal, da hat einer Likör mitgebracht. Der war schön süß und richtig lecker. Das war auch der Tag, an dem mir einer von Marcs älteren Freunden Geld geboten hat, wenn ich mich beim Blasen und Ficken filmen lasse. Da war ich zehn und hatte schon 'ne Menge Kohle in meinem Geheimversteck. Aber dann bekam ich meine Tage."

"Lassen Sie uns an dieser Stelle für heute aufhören. Es scheint gerade eine Veränderung anzustehen und das scheint mir ideal, um nächste Woche fortzusetzen." Bis jetzt hatte der Psychologe nur zugehört und sich jede Menge Notizen gemacht.

Wir verabschieden uns und ich verlasse die Praxis.

Mittwoch, 18. Januar 2017

Herr Hoppe begrüßt mich gewohnt freundlich. Diesmal stehen schon zwei Tassen Kaffee bereit. Meiner mit Milch und Zucker.

"Ich sehe, Sie sind vorbereitet", lache ich ihn an.

"Selbstverständlich. Vor allem, wenn ich weiß, was der Patient wünscht. Ich hoffe, es geht Ihnen gut. Nehmen Sie bitte Platz."

Ich mache es mir auf meinem Platz bequem und trinke einen Schluck Kaffee.

"Unser letztes Gespräch endete mit Ihrer ersten Periode", eröffnet der Psychologe die heutige Sitzung.

"Richtig. Ich war in diesem Augenblick bei Agnes. Das ist mein Glück gewesen. Auf der Toilette hab ich das Blut in meinem Höschen gesehen. Es war Gott sei Dank nicht viel. Da mich einige Männer gefragt hatten, ob ich schon meine Regel hätte, wusste ich, was los ist. Die wollten natürlich keine Kondome benutzen, wenn sie mit mir ficken. Und ich wusste, dass ich ab jetzt schwanger werden konnte. Das hab ich aber verdrängt. Der Moment ist viel wichtiger gewesen.

Agnes' Mutter hat mir einen Tampon gegeben und noch zwei für später. Sie meinte, ich soll meiner Mutter Bescheid sagen, damit sie welche besorgt. Das hab ich nicht gemacht, sondern auf dem Nachhauseweg selbst welche gekauft. Ich bin direkt am Drogeriemarkt vorbeigekommen. Es waren zwei Packungen, das weiß ich noch, als wär's erst gestern gewesen. Abends hab ich den Tampon jedenfalls rausgezogen und war überrascht, dass nur so wenig Blut dran war. Alles Panikmache, hab ich mir gedacht. Eigentlich konnte es auch gar nicht sein, ich war schließlich erst zehn. Überall hatte ich gelesen, dass es meist erst mit zwölf losgeht, und da ich ab und an auch kleine Verletzungen vom Ficken hatte, dachte ich, ich hätte mich getäuscht. So ist die Sache in Vergessenheit geraten und ich hab wie gewohnt jeden Abend mit Volker rumgefickt. Die Partys sind auch weitergegangen. Bei einer ist es dann passiert. Ich hab mit einem Freund von Marc in verschiedenen Stellungen gefickt und die Kamera ist dabei wieder gelaufen. Diesmal aber nicht auf einem Stativ wie sonst, sondern ein zweiter Freund hat den Kameramann gespielt. Ab und zu haben sie sich auch abgewechselt, was okay war, denn sie hatten mir 200 Euro dafür geboten. Aber bei jedem Wechsel gab's halt auch einen Likör. Ich hab in den zwei Stunden bestimmt acht Gläser getrunken und als ich nach Hause gefahren bin, hab ich den Polizeiwagen nicht bemerkt, der wegen meiner Schlangenlinien hinter mir hergefahren ist. An einer Ecke bin ich dann gestürzt. Die Bullen haben mir zwar sofort geholfen, aber auch meine Fahne gerochen und mich nach Hause gebracht. Gott sei Dank war meine Mama an dem Tag noch nicht so besoffen wie sonst immer, deswegen haben mich die Bullen ihr übergeben. Ich weiß noch, dass Volker der Abend besonders gut gefallen hat, weil ich so wild im Bett war. Er hatte von der ganzen Sache nichts mitbekommen und auch nicht, dass jemand vom Jugendamt einige Tage später bei Mama war. Aber das war nur eine Belehrung oder so. Der große Paukenschlag kam erst zwei Monate später, genau am letzten Schultag vor den Sommerferien. Wir hatten nur zwei Stunden und dann gab es Zeugnisse. Ich hatte nur Einsen und Zweien und sollte ab der fünften Klasse aufs Gymnasium gehen. Als ich zu Hause angekommen bin, hab ich Volker noch getroffen, der sich gerade auf den Weg zur Arbeit gemacht hat. Er ist mächtig stolz auf mich gewesen und meine Mama hat mich auch gelobt. Er war gerade weg, als es an der Tür geklingelt hat. Die Bullen waren wieder da und haben gesagt, sie hätten ein paar Fragen an mich. Wir mussten mit aufs Revier. Dort hat man mir dann erklärt, dass bei einem Herrn Meier eine Hausdurchsuchung stattgefunden hat und tausende Kinderpornos entdeckt worden sein sollen. Die Bullen hatten mit den Fotos von Mädchen Anfragen an Schulen gestartet und eine Lehrerin hat mich erkannt. Erst hab ich gesagt, ich weiß nicht, wovon sie reden, doch dann haben sie meiner Mutter und mir Ausschnitte aus einem Film gezeigt. Der Mann war nicht zu erkennen, aber ich in allen Situationen. Am Schluss des Films saß ich breitbeinig auf dem Bett und es war deutlich zu sehen, wie sein Sperma aus mir rauslief. Ich sollte dann sagen, wann und wo das gewesen ist, wer das war und wie's dazu gekommen ist. Ich hab nichts gesagt und dabei ist es auch geblieben. Weil ich noch nicht strafmündig war, mussten sie mich gehen lassen, aber zu Hause hab ich von meiner Mutter die Prügel meines Lebens bezogen. Als Volker abends nach Hause kam, hat meine Mutter völlig besoffen im Bett gelegen und geschlafen. Beim Ficken hat Volker natürlich die blauen Flecken gesehen und da hab ich ihm erzählt, dass ich verprügelt worden bin, aber nicht warum. Er war außer sich vor Wut und wäre fast auf meine Mutter losgegangen. Ich konnte ihn gerade noch zurückhalten, aber er hat gemeint, sie hätte einen Punkt überschritten, der nicht zu verzeihen ist. Dann hat er mir vorgeschlagen, die Sachen zu packen, um mit mir wegzufahren. Ich hatte sechs Wochen Ferien und Volker hat gemeint, er kann sich ab Montag in seiner Firma krankmelden. Das hat mir gefallen. Weg von meiner Mutter und den Problemen. Wir sind noch in derselben Nacht mit seinem Auto losgefahren und ich hab auch mein ganzes Geld mitgenommen. Nach einer halben Stunde Fahrt hab ich ihn nach unserem Ziel gefragt und da stellte sich erst einmal heraus, dass wir völlig planlos auf der Autobahn unterwegs waren. Volker hat mich dann gefragt, ob es einen Ort gibt, wo ich hinwill. Mir sind Bayern und die Berge eingefallen. Die Idee hat er gut gefunden, zumal dort noch keine Ferien waren und wir deshalb leichter ein Hotel finden konnten. Er hat sich allerdings Sorgen wegen seines Geldes gemacht, weil es für ihn in den letzten Monaten finanziell nicht so gut ausgesehen hatte. In dem Moment hab ich ihm gesagt, dass ich mein Geld dabei habe und er hat gelacht. Mit deinem Taschengeld kommen wir nicht weit, hat er gesagt. Dann hab ich meinen Umschlag aus der Tasche gekramt und ihn Volker gezeigt. Er hat fast das Lenkrad verrissen, als er das viele Geld gesehen hat und mich gefragt, wie viel es ist und wo ich das herhabe. Ich wollte ihm nicht sagen, dass ich es durch Ficken verdient hatte und deshalb hab ich ihm erzählt, dass ich es den Männern, die Mutter besucht haben, aus den Portmonees geklaut hätte. Er hat nur gelacht und Gott sei Dank nicht weitergefragt. Es waren immerhin über 3.000 Euro und da hätte meine Mutter viel Besuch empfangen müssen. Auf jeden Fall sind wir gut vorwärtsgekommen, und am nächsten Morgen hatten wir schon kurz nach sieben München hinter uns gelassen. Das weiß ich noch so genau, weil ich da zum ersten Mal in meinem Leben die Berge gesehen hab. Sie waren zwar noch weit entfernt, aber ihre weißen, schneebedeckten Spitzen zeichneten sich am Horizont deutlich ab. Schnee im Sommer, das war geil und ich hab schon geahnt, dass die Ferien mit Volker genauso geil werden würden. In Garmisch-Partenkirchen haben wir dann gefrühstückt. Der Name kam mir bekannt vor, aber ich wusste nicht warum. Vom Parkplatz aus waren die Berge zum Greifen nah. Dann hab ich endlich die große Sprungschanze gesehen und gewusst, woher ich den Ortsnamen kannte. Meine Mutter hatte sich immer Wintersport reingezogen. Wir sind dann aber weitergefahren bis zu einem Ort namens Kochel am See. Dort hat's Volker und mir auf Anhieb gefallen. Er hat uns im Fremdenverkehrsamt 'ne Ferienwohnung auf dem Bauernhof besorgt. Die Bauern waren supernett, allerdings waren wir 1.400 Euro los, weil wir die Wohnung gleich für die ganzen sechs Wochen gemietet haben. Nachdem wir unser Gepäck ausgeladen hatten, haben wir erst mal geschlafen. Wir waren ja die ganze Nacht durchgefahren und total müde. Aber dann fing der erste Urlaub meines Lebens an. Jeden Morgen haben wir frische Milch und Brötchen bekommen. An die warme Kuhmilch, die viele frische Luft und die Entspannung musste ich mich erst mal gewöhnen. An den ersten Tagen war mir jeden Morgen schlecht, und zwei oder drei Mal hab ich sogar kotzen müssen. Aber bis auf den kleinen Makel war es die schönste Zeit meines Lebens. Bis dahin hatte ich mich mehr als seine Tochter gefühlt, obwohl wir jeden Abend zusammen gefickt haben. Er war ja trotzdem irgendwie der Freund meiner Mutter gewesen, auch wenn da nichts mehr lief. Auf einmal war das völlig anders, und ich hatte das Gefühl, seine Frau zu sein. Unser Sex hat sich damals auch verändert. Es war nicht mehr nur zusammen ficken, es war intensiver und zärtlicher. Wir hatten ständig das Bedürfnis, uns streicheln, berühren und küssen zu wollen. Das konnten wir aber nur, wenn wir allein waren. In der Öffentlichkeit hab ich weiter seine Tochter gespielt. Wir haben in der Zeit auch viel unternommen. Es gab ein tolles Freizeitbad, wo wir einige Male waren, und zweimal sind wir nach Österreich gefahren. Das waren ja nur 30 Kilometer. Außerdem wollte ich in die Berge. Im Nachbarort gibt es eine Seilbahn und die hat uns auf über 2.000 Meter Höhe gebracht. Dort hab ich begriffen, warum selbst im Hochsommer noch Schnee liegt. Ich hab gezittert vor Kälte, aber das war mir egal. Der Aussicht werde ich nie vergessen. Es war einfach fantastisch, obwohl ich mich da oben unheimlich klein gefühlt habe. Ansonsten hab ich die Kühe mit ihren großen Glocken geliebt. Bis dahin kannte ich das nur vom Fernsehen, und plötzlich stand ich davor. Man hat auch genau die Baumgrenze ausmachen können. Das war mir aufgefallen, weil wir es kurz vor den Ferien noch im Unterricht hatten. Auf den Zeichnungen hat es allerdings immer so ausgesehen, als ob jemand einen Strich mit dem Lineal gezogen hätte. Ich hätte nie geglaubt, dass es wirklich so ist. Ich weiß noch, dass wir an dem Tag früh zurück waren, obwohl wir unterwegs noch reichlich gegessen hatten. In der Wohnung bin ich sofort über Volker hergefallen. Ich weiß nicht warum, aber ich war unersättlich. Wir hatten über acht Stunden Sex – mit kleinen Pausen versteht sich. Es ist noch heute unfassbar für mich, wie glücklich ich mich gefühlt habe. Einmal sind wir auch nach Venedig gefahren. Ein Busunternehmen hatte 'nen Sonderpreis für die Tagestour und da haben wir zugeschlagen. Italien, Venedig, das alles kannte ich nur aus dem Fernsehen und auf einmal war ich dort. Es war unglaublich. An diesem Tag haben wir immer wieder andere

Touristen gefragt, ob sie ein Foto von uns machen können. Smartphones und Selfies waren ja damals noch kein Thema. Wir sind auch auf dem Markusplatz gewesen und haben den teuersten Cappuccino unseres Lebens getrunken. Auf der Rialto-Brücke waren wir auch. Ich bin mir wie ein Filmstar vorgekommen. Ich hab an der Brüstung gelehnt und mir das Treiben auf dem Canale Grande angesehen. Volker hatte sich ganz dicht über mich gelehnt und mir ins Ohr geflüstert, dass er mich liebt. Das hat mich am ganzen Körper getroffen. Wenn ich die Zeit einmal anhalten könnte, dann wäre es genau dieser Moment. Dort habe ich ihn zum ersten Mal in der Öffentlichkeit geküsst. Er mich auch. Die vielen Menschen um uns herum waren vollkommen egal. Im Gegenteil. Jeder sollte sehen, wie glücklich wir sind. Unser Souvenir von der Brücke steht bis heute in meinem Schrank. Was gibt es Romantischeres, als die erste Liebeserklärung auf der Rialto in Venedig? Zweieinhalb Wochen unseres Urlaubs waren da gerade vorbei, und ich war immer noch in einer vollkommen anderen Welt. Es hat sich an dem Abend alles so anders angefühlt. Ständig haben wir uns umarmt und gezeigt, wie sehr wir uns lieben. Ich war seine Frau, das stand zweifelsfrei fest. Endlich hatte ich begriffen, was den Unterschied zu anderen Männern ausmachte. Volker wusste es zwar nicht, aber bis zu diesem Tag hatte ich bestimmt schon mit 50 Jungs und Männern gefickt und mindestens 100 unterschiedliche Schwänze im Mund gehabt. Aber das war nur Sex gewesen, einfach nur etwas Spaß. Mit Volker war alles anders. Er war nicht nur der erste und derjenige, bei dem ich täglich das Verlangen hatte, ihn in mir zu spüren, er war auch der, den ich von ganzem Herzen geliebt habe. Obwohl ich erst elf war, wusste ich das mit absoluter Sicherheit. Durch ihn ist mir erst klargeworden, was Ferien oder Urlaub sind. Alles was ich von der Welt gekannt habe, war das, was ich vom Fernsehen wusste. Erdkunde war eines der Schulfächer, die ich gern gemocht habe. Immer wenn ich im Atlas geblättert hatte, hab ich von Orten wie New York, Rio oder Tokio geträumt. Hätte mir damals vier Wochen vorher jemand gesagt, ich würde bald meine erste Liebeserklärung auf der Rialto-Brücke in Venedig bekommen, dann hätte ich ihn für verrückt erklärt. In mir sind alle Lebensgeister erwacht und ich wurde gierig nach mehr. Das meine ich im übertragenen Sinn, denn das hat ja in erster Linie auf Volker zugetroffen. Durch ihn wurde ich gierig auf Liebe, auf Sex, auf Zuneigung und Zärtlichkeit. Und auf Wissen, gepaart mit der Gier, Neues zu entdecken und die Welt zu erobern. Gegenüber dem Supermarkt, wo wir schon mehrmals einkaufen gewesen sind, war der Bahnhof. Ich hatte bis dahin noch nie in einem Zug gesessen und hab Volker gesagt, dass ich unbedingt Zugfahren will. Also sind wir auf die andere Straßenseite gegangen. Auf dem Fahrplan gab es nur ein paar Züge, aber von fünf Uhr früh bis Mitternacht fuhr jede Stunde einer und am nächsten Tag haben wir in einem gesessen. Ich hab das vom ersten Augenblick an geliebt. Man kann bequem sitzen, die Landschaft rauscht an einem vorbei und verändert sich. Allmählich wurden die Wiesen und Seen weniger. Auch die Berge waren nicht mehr zu sehen, aber dafür wurden es mehr Straßen, und die Häuser sind nicht nur zahlreicher sondern auch größer geworden. Nach einer guten Stunde hatten wir unser Ziel erreicht. Alle, die mit uns im Zug gesessen haben, stiegen aus und wir sind ihnen einfach gefolgt. Im Lautsprecher war eine Frauenstimme zu hören: 'München Hauptbahnhof, Gleis 39. Der eingefahrene Zug endet hier. Ihre nächsten Anschlüsse …' Ich war wie erschlagen. Ich bin noch nie in so einer großen Stadt gewesen. Gleis 39 – ich konnte es nicht fassen. Unser Bahnhof zuhause hatte drei Gleise und war seit etlichen Jahren außer Betrieb. Ich hab mit Volker jedenfalls in dieser riesigen Bahnhofshalle gestanden und überall wuselten Menschen herum. Auf den anderen Bahnsteigen konnte ich die vielen unterschiedlichen Züge in allen möglichen Formen und Farben sehen. Einen ICE hab ich bis dahin nur aus dem Fernsehen gekannt. Dort standen gleich drei nebeneinander. Über den Gleisen war eine riesige Tafel mit Fahrplänen. Es hat mir fast die Sprache verschlagen, als ich Rom, Budapest, Paris, Zürich, Berlin, Wien und Prag gelesen habe. Und auf dem Bahnhofsvorplatz haben bestimmt hundert Taxis gestanden. Auf der Straße dahinter konnte ich sogar Straßenbahnen sehen. Und überall diese vielen Leute. So was hatte ich noch nie gesehen, weil ich aus unserer Kreisstadt noch nie rausgekommen war. Volker hat mich an der Hand festgehalten und wir haben uns angesehen. Dann sind wir zur Frauenkirche spaziert. Die kannte ich aus zahlreichen Filmen. Ich hab mich so winzig gefühlt, als wir davorstanden. Das wunderschöne Rathaus war auch gigantisch. Das Glockenspiel auch, dass hat mir richtig gut gefallen. Und auf dem Viktualienmarkt konnte man exotische Sachen kaufen, die ich nur aus Filmen kannte. Wir sind auch in den Englischen Garten gegangen. Der Park war größer als mein Heimatort. Viele Leute haben auf den Wiesen und am Wasser gelegen und sich gesonnt. Und mitten im Park konnte man Wellenreiten. Die hatten da so eine Anlage aufgebaut und wir haben bestimmt eine halbe Stunde zugesehen. Am Nachmittag sind wir dann shoppen gegangen. Als wir wieder am Bahnhof waren, hat mich Volker zu so einem unscheinbaren Laden gezogen, dessen Schaufenster mit grauen Jalousien zugehangen waren. Ich konnte nur Beate Uhse lesen und musste draußen warten, weil an der Tür 'Zutritt erst ab 18 Jahren' gestanden hat. Als Volker wieder rausgekommen ist, meinte er, er hätte zu Hause eine Überraschung für mich, dann haben wir unseren Zug gesucht. Auf der großen Tafel hat zwischen Kopenhagen und Brüssel auch Kochel am See, Gleis 36 gestanden. Während der Heimfahrt hab ich mich bei Volker angelehnt und fast die ganze Zeit geschlafen. Das war bei unserer Rückfahrt von Venedig auch so gewesen. Die vielen Erlebnisse haben mich richtig müde gemacht. Weil wir in München mehr als genug gegessen hatten, haben wir es uns in der Ferienwohnung gleich gemütlich gemacht. Ich wollte ja auch die Sachen von unserer Shopping-Tour auspacken und anprobieren. Volker hat gemeint, ich soll mich von den Kleine-Mädchen-Klamotten trennen, denn schließlich komme ich nach den Ferien aufs Gymnasium, und als seine Frau soll ich doch gut aussehen."

"Frau Förster", unterbricht mich der Psychologe.

"Ja?"

"Unsere Stunde ist schon lange vorbei, aber ich wollte Sie nicht unterbrechen. Dieser Urlaub scheint in Ihrem Leben einen sehr hohen Stellenwert einzunehmen."

"Das stimmt, er hat Vieles verändert."

"Dann möchte ich nächste Woche natürlich erfahren, wie es weiterging. Denken Sie in der Zwischenzeit mal darüber nach, warum gerade dieser Urlaub so wichtig für Sie ist."

Mit einem Lächeln verlasse ich die Praxis, aber innerlich bin ich auch verärgert. Ich erinnere mich so lebhaft an diesen Urlaub und erzähle auch gern darüber, und jetzt soll ich eine Woche warten, bis ich weitermachen kann.

Mittwoch, 25. Januar 2017

"Hallo, Frau Förster", begrüßt mich Herr Hoppe freudestrahlend. "Wie geht's Ihnen heute?"

"Bestens, danke. Ich hab die ganze Woche auf den heutigen Tag gewartet, damit ich endlich weitererzählen kann."

"Dann möchte ich Sie nicht aufhalten. Der Kaffee ist fertig und wir können sofort beginnen."

Ich mache es mir wieder bequem, trinke schnell noch einen Schluck und bin in Gedanken schon an der Stelle, an welcher mich der Psychologe beim letzten Mal unterbrochen hat. "Wir sind also zurück aus München und ich hab die Sachen anprobiert. Die Ausbeute war reichlich aber nicht teuer. Ich hatte zwei neue Jeans, mehrere T-Shirts, neue Schuhe und auch zwei Sets totschicker Unterwäsche. Einmal in rot und einmal in schwarz. Dazu ein toller Bikini in neon-gelb. Natürlich sollte ich die Unterwäsche gleich anprobieren. Gemeinsam haben wir uns hingestellt und mich bewundert. Dann hat er mich an die Hand genommen und aufs Bett gezogen. Er wollte doch wissen, ob sich die Wäsche auch gut ausziehen lässt. Das ließ sie sich und nach dem Sex fragte ich ihn, ob er das bei den T-Shirts auch probieren will. Wollte er – aber erst später. Vorher hat er mir die Überraschung zeigen wollen. Den Einkauf aus dem unscheinbaren Laden hatte ich schon ganz vergessen. Er hat dann aus seinem Rucksack eine große, braune Papiertüte rausgeholt und sie auf dem Bett ausgeschüttet. Sie war voller Sex-Spielzeug in allen möglichen Varianten. In den nächsten vier Tagen haben wir die Wohnung nur einmal kurz zum Einkaufen verlassen. Brötchen und Milch haben ja jeden Morgen vor der Tür gestanden. Die vier Tage sind auch wichtig gewesen, denn zwischen dem Sex haben wir das gemeinsam Erlebte aufgearbeitet. Hätten wir in dem Tempo weitergemacht, wäre mein Kopf bestimmt explodiert. Wir haben ja nicht nur das Sexspielzeug ausgiebig getestet, sondern uns auch die vielen Videos und Fotos angesehen, die wir bis dahin gemacht hatten. Dabei ist uns aufgefallen, dass wir gar keine Bilder beim Sex von uns hatten. Das haben wir aber nachgeholt. Die folgenden Tage haben wir es dann ruhiger angehen lassen. Die blauen Flecken von meiner Mutter waren inzwischen weg, so dass ich im Freibad meinen neuen Bikini anziehen konnte. Es war herrlich dort. Ich konnte sogar direkt in den Kochelsee springen, aber das Wasser ist eisig kalt gewesen. Selbst im Hochsommer. Gleich hinter dem See haben sich die Berge majestätisch in den Himmel erhoben. Wir sind auf die Zugspitze gefahren und diesmal hab ich mir 'ne lange Hose angezogen. In Innsbruck waren wir auch, und sind mit einer Dampflok ins Zillertal gefahren. Das hat uns beide total begeistert. Aber ich hab auch langsam Angst vor der Rückfahrt bekommen. Ich wollte doch noch so vieles sehen und außerdem haben wir beide nicht genug voneinander bekommen. So ein Gefühl von Geborgenheit hatte ich vorher noch nie. Es war die vollkommene Glückseligkeit. Vor Beginn der letzten Ferienwoche haben wir noch Pläne für unsere Unternehmungen gemacht. Unsere Rafting-Tour auf der Isar ist richtig toll gewesen. Und unsere Leidenschaft füreinander hat sich auch nochmal ins Unermessliche gesteigert. Von den letzten sieben Tagen hatten wir an dreien ausschließlich Sex. Dabei haben wir völlig verdrängt, dass unsere Zeit endlich ist. Dann ist der Tag der Abreise gekommen. Wir haben unsere Sachen gepackt, uns bei den Gastgebern verabschiedet und dann ins Auto gesetzt. Auf der Rückfahrt haben wir uns zwei Mal 'ne ruhige Stelle gesucht, um Pause zu machen. Wir hatten ja beide das unstillbare Verlangen, miteinander zu schlafen. Am späten Nachmittag sind wir am Haus meiner Mutter angekommen. Ein Polizeiwagen hat vor der Tür gestanden. Ich hab Volker hektisch aufgefordert weiterzufahren, was er auch gemacht hat. Einige Straßen weiter haben wir uns eine Stelle zum Parken gesucht und sind stehengeblieben. Er hat mich nur kurz angesehen, und dann musste ich beichten und hab Volker kurz von den Sex-Partys erzählt und auch, dass die Bullen schon mal bei uns waren. Von dem Film, den die Bullen gefunden haben, auch. Volkers Reaktion hat mich dann in Erstaunen versetzt. Er hat mich in den Arm genommen und gelacht. Er hat sich die Schuld gegeben, denn immerhin ist er es gewesen, der mir gezeigt hat, wie schön Sex ist. Er meinte, ich bin nur seinetwegen gierig darauf geworden. Trotzdem hatten wir jetzt ein Problem, denn die Vermutung hat nahegelegen, dass sie auch bei ihm warten würden. Er hat mich gefragt, ob ich jemanden wüsste, wo ich hinkann, ohne dass man mich sofort findet? Mir ist spontan Agnes eingefallen. Aber ich wollte sie und ihre Familie damit auch nicht belasten. Dann ist mir Marc eingefallen. Wir haben gehofft, dass er zu Hause ist und sind hingefahren. Er ist ganz erstaunt gewesen, als ich vor der Tür gestanden und um Hilfe gebeten habe. Wir sind gleich in seinem Zimmer verschwunden, weil seine Eltern daheim waren. Ich hab ihm die Situation erklärt und daraufhin hat er zwei Telefonate geführt. Dann hat er mir einen Zettel mit 'nem Namen und 'ner Anschrift gegeben. Weil wir gewusst haben, dass wir uns längere Zeit nicht sehen, hat er mich noch nach 'nem Quickie gefragt, und zehn Minuten später war ich wieder bei Volker im Auto. Er hat nicht schlecht gestaunt, denn die Anschrift, die Marc mir gegeben hatte, war 60 km weit weg, aber dort würde man mich nicht suchen, zumal das sogar schon ein anderer Landkreis war. Auf der Fahrt dorthin sind wir noch einmal im Wald abgebogen, um es richtig wild zu treiben. Wir haben ja nicht gewusst, wann wir uns wiedersehen. Ich erinnere mich noch genau, dass die Dämmerung schon eingesetzt hat, als wir vor dem Haus standen. Der Name Oliver hat mir nichts gesagt, aber die Männer auf den Partys haben sich auch fast nie vorgestellt. Ich hab halt nur mit ihnen gefickt und das war's. Ich hab meine Tasche genommen und bin zur Tür gegangen. Mit Volker war vereinbart, dass er noch 'ne halbe Stunde wartet und dann losfährt. Als Oliver die Tür aufgemacht hat, hab ich gewusst, wer er ist. Ich hatte ihn in angenehmer Erinnerung. Er hat sich auch gefreut, mich zu sehen. Im Wohnzimmer hab ich ihm erklärt, was los ist und dann hat er mir einen Vorschlag gemacht. Er hat gemeint, ich kann bei ihm bleiben bis ich 18 bin, allerdings muss ich im Haus immer nackt rumlaufen und rund um die Uhr für Sex zur Verfügung stehen. Ich hab zur Bedingung gemacht, dass ich keine Gewalt will, und als er mir das zugesichert hat, bin ich rundum zufrieden gewesen. War 'n guter Deal. Dann hat er mir sein Schlafzimmer gezeigt. Dort konnte ich auch meine Sachen unterbringen und mich ausziehen. Wir haben gleich zusammen gefickt und uns danach was zu essen gemacht. Ich hatte einen Bärenhunger. Die Zeit bei Oliver war gut. Er war damals 54 und schon Frühpensionär. Deswegen ist er immer zu Hause gewesen und hat sich um mich kümmern können. Wir hatten viel Sex, aber es war anders als mit Volker. Mit Oliver war's nicht so leidenschaftlich, aber er hatte im Keller ein kleines Fotostudio und dort haben wir viele tolle Videos und Fotos gemacht. Ich hab schon drei Monate bei ihm gewohnt, als er einmal beim Ficken gemeint hat, mein Bauch würde sich fester anfühlen als sonst und dass er weniger kochen sollte. Nachdem er gekommen ist, hat er mich dann gefragt, ob ich meine Tage schon bekommen würde. Ich hab nur gelacht und gesagt, dass ihm das früh einfällt. Trotzdem hab ich ihm gesagt, dass ich sie noch nicht hatte, aber vor fünf Monaten schon mal gedacht habe, es wäre soweit. Damit war das Thema beendet, zumindest dachte ich das, denn beim nächsten Wocheneinkauf, den Oliver immer allein gemacht hat, weil mich ja niemand sehen durfte, hat er auch einen Schwangerschaftstest gekauft. Er hat mir gesagt, ich soll ihn gleich ausprobieren, und naja … Ich war schwanger. Oliver hat sich sehr darüber gefreut."

An dieser Stelle unterbricht mich Herr Hoppe. "Ich glaube, wir sollten für heute Schluss machen."

Ich trinke den letzten Schluck kalten Kaffee und verabschiede mich von ihm.

Mittwoch, 01. Februar 2017

Nach der inzwischen üblichen Begrüßungszeremonie beginnt unser Gespräch diesmal ganz anders.

"Wie haben Sie sich gefühlt, als Sie erfuhren, dass Sie schwanger sind?"

"Naja, ich hab schon ein paar Tage gebraucht, um das zu verarbeiten. Ich hab mir zwar gewünscht, dass Volker in dem Moment bei mir ist, aber Oliver ist auch ein guter Halt gewesen. Er hatte ja selbst zwei Kinder, die aber nicht mehr zu Hause gewohnt haben."

"Aber Sie müssen sich doch Gedanken gemacht haben, wie es weitergehen sollte?"

"Natürlich. Schon deshalb, weil mir klar gewesen ist, dass ich nicht in Ruhe gelassen werde."

"Wie meinen Sie das?"

"Das hat doch mit den Bullen und den Pornos angefangen. Die haben mir einreden wollen, ich sei missbraucht worden. Die haben gesagt, das wäre alles ganz schlimm, aber ich könnte ja nichts dafür, weil ich nicht gewusst hätte, was ich tue. Angeblich wollten die nur mein bestes, aber jeder, der das von sich gegeben hat, hat's nur noch schlimmer gemacht.

"Beschreiben Sie mal konkret, was Sie meinen?"

"Ich hatte seit meinem fünften Lebensjahr Sex, und das
hat mir immer Spaß gemacht. Inzwischen weiß ich auch, dass
ich kein Einzelfall bin. Warum haben die blöden Bullen so 'n
Stress wegen der Filme gemacht? Das ist alles freiwillig gewesen und hat mir Spaß gemacht. Deswegen hat sich doch
auch kein Mann beschwert. Außerdem bin ich auf der Schule
richtig gut gewesen und sollte sogar aufs Gymnasium gehen.
Das haben mir die Bullen alles kaputt gemacht. Trotz der sau-
fenden und prügelnden Schlampe von Mutter ist mein Leben
bis dahin einwandfrei verlaufen. Volker hat mich am Anfang
bestimmt auch gebraucht, um seine Triebe zu befriedigen,
aber er hat mich immer geliebt – wirklich geliebt. Wie kommen die auf die Idee, dass ich keine Liebe, Zuneigung und
Geborgenheit empfinden kann? Schließlich hab ich doch
auch Schmerz empfunden, wenn meine Mutter mich geprü-
gelt hat. Meinen diese angeblichen Fachleute, da legt jemand
den Schalter im Kopf um, wenn man 14 wird?"

"Nein, natürlich nicht. Aber eine Grenze muss es geben."

"Muss es das? Wozu denn? Das konnte mir bis heute niemand erklären. Warum gibt es Menschen, die sich anmaßen,
über das Leben anderer zu bestimmen? Wenn's allerdings
wirklich notwendig ist, dann kümmert sich keiner."

"Wie meinen Sie das schon wieder?"

"Zur Entbindung meines Sohnes wurde ich ins Krankenhaus gebracht. Oliver konnte nichts Anderes machen, als
mich vor der Tür absetzen, sonst hätte er auch noch Ärger
bekommen, obwohl er sich bis zum letzten Tag super um
mich gekümmert hat. Aber kaum bin ich aus dem Kreißsaal
gewesen, ging der Stress erst richtig los. Meinen Sohn hat
man mir gleich weggenommen und zur Adoption frei gegeben. Ich hab mich dafür am nächsten Tag in der Klapse

wiedergefunden, wo mich nicht nur diese Psychopathen-Ärzte sondern auch die Bullen vollgequatscht haben. Dort hab ich erfahren, dass man meiner Mutter inzwischen das Sorgerecht entzogen hatte, und dass Volker in U-Haft sitzt. Die haben einen DNA-Test mit meinem Baby gemacht, und dann war schnell klar, dass Volker nicht der Vater war. Weil die keine Beweise hatten, mussten sie ihn wieder rauslassen, aber fünf Monate hat er trotzdem im Knast gesessen. Und warum? Weil er mich vor meiner blöden Mutter beschützt und mich gleichzeitig geliebt hat. Wir haben schon komische Gesetze. Vier Wochen nach der Entbindung bin ich ins Heim gekommen. Gleich in der ersten Nacht hat mich der Betreuer in den Keller gezerrt, mich gefesselt, mich ausgepeitscht und mir jede Art von Schmerzen bereitet. Toll, wenn alle nur mein bestes wollen!", sage ich erregt. Ich muss erst mal wieder runterkommen und trinke einen Schluck Kaffee. Dann fahre ich fort. "Nachdem der Betreuer mit mir fertig gewesen ist und mich ins Zimmer zurückgebracht hat, bin ich trotz meiner Schmerzen durchs Fenster abgehauen. Ich bin wieder zu Oliver, denn von seiner Existenz wussten die ja nichts. Vom Heim bis zu ihm waren 's gute 40 km, und ich hatte keinen Cent in der Tasche. Als die Geschäfte aufgemacht haben, hab ich einen Mann mit 'nem Lieferwagen angesprochen und gefragt, ob er mich mitnimmt. Der Deal war einfach. Ich hab ihm einen geblasen und er hat mir 25 km Fußmarsch erspart. Den Rest bin ich dann gelaufen. Oliver hat sich riesig gefreut, dass ich wieder da war. Eine Zeit lang hat man tatsächlich in einigen Zeitungen und im regionalen Fernsehen nach mir gesucht, aber wozu eigentlich? Damit ich wieder zurück ins Heim komme, wo der Betreuer nur mein Bestes will? Das mit Oliver ist drei Jahre gutgegangen, allerdings hat mich das mit der Schule sehr traurig gemacht. Ich wäre doch so gern aufs

Gymnasium gegangen. Auf jeden Fall konnte ich in der Zeit auch wieder Kontakt mit Volker aufnehmen. Er ist arbeitslos gewesen, weil er während der U-Haft seinen Job verloren hatte. Zwei, drei Mal im Jahr haben wir uns auch getroffen. Das war immer an neutralen Orten. Da Oliver gewusst hat, dass ich Volker immer noch liebe, hat er aber eifersüchtig über mich gewacht. Außerdem ist Volker sporadisch überwacht worden, und deshalb wäre es ohnehin zu gefährlich gewesen, zu ihm zu ziehen."

"Sie sagen, dass Oliver eifersüchtig über Sie wachte. War es nicht eher so, dass er aus Ihnen ein persönliches Objekt zur Befriedigung seiner Gelüste gemacht hat?", wirft der Psychologe ein.

Ich muss herzhaft lachen. "Wenn, dann war es eher umgekehrt. Oliver hat mir alle Wünsche erfüllt und für mich gesorgt. Er hat sogar in Kauf genommen, sich strafbar zu machen, weil er mich bei sich versteckt und geschützt hat. Wissen Sie, warum er frühpensioniert war? Weil es an der Schule, wo er als Lehrer gearbeitet hat, Gerüchte gab, er hätte sich an mehreren Mädchen vergriffen. Er ist meinetwegen ein hohes Risiko eingegangen."

"War was dran an den Gerüchten? Was denken Sie?", fragt der Psychologe.

"Wenn überhaupt, dann muss die Initiative von den Mädchen gekommen sein. Oliver war ziemlich schüchtern und verklemmt. Viele Dinge beim Sex hab ich ihm tatsächlich beigebracht, und wenn wir schon beim Beibringen sind: Er hat sich bei mir als Hauslehrer betätigt, so dass ich kaum was vom Unterrichtslehrplan verpasst habe. Bloß Englisch fehlt mir bis heute."

"Nochmal zurück zu dem vermeintlichen Vorfall in der Schule. Wenn es tatsächlich etwas gegeben hätte, denken Sie dann, dass Oliver sich richtig verhalten hat?", fragt der Psychologe und scheint gespannt auf meine Antwort zu sein.

Ich überlege kurz und nicke. "Wenn die Mädchen zu ihm gekommen sind, absolut. Schließlich kannten und vertrauten sie ihm."

"Aber gerade deshalb hätte er es doch nicht tun dürfen!"

"Wieso? Weil es im Gesetz steht? Wenn er's nicht gemacht hätte, wären die Mädchen trotzdem neugierig geblieben und zu jemand anderem gegangen. Dann hätte tatsächlich ein Schaden entstehen können. Stellen Sie sich vor, sie wären an einen Kerl geraten, der ihnen Schmerzen zugefügt und sie zu irgendetwas gezwungen hätte. Letztlich weiß ich nicht, ob da wirklich was passiert ist. Einige Mädchen und Frauen neigen ja dazu, einen Mann aus Rache oder um sich einen Vorteil zu verschaffen, des Missbrauchs zu bezichtigen. Dagegen sollte auch mal vorgegangen werden. Oder?"

Herr Hoppe sieht mich an. "Das ist kein Bestandteil unserer Gesprächsthematik. Kommen wir also zurück zu Ihnen. Was ist denn nach drei Jahren passiert, dass Sie nicht mehr dortbleiben konnten?"

"Olivers Sohn ist damals bei der Bundeswehr gewesen und bei einem Afghanistaneinsatz ums Leben gekommen. Seine Schwiegertochter ist mit der Situation nicht fertig geworden. Sie hat dadurch das Haus verloren und hat auch sonst keine Hilfe bekommen. Also hat sie sich irgendwann lieber mit Alkohol und Tabletten betäubt, als sich um ihre Tochter zu kümmern. Deshalb ist Olivers Enkelin zu uns gekommen. Sie war damals knapp zehn und hat vom ersten Tag an geschnallt, was wir machen."

"Das heißt, Oliver hatte Sex mit seiner Enkelin?"

"Die Initiative ist nicht von ihm sondern von mir ausgegangen. Das ist 'ne völlig neue Erfahrung für mich gewesen.

Ich hab ihr auch erzählt, wie man 'nem Mann einen runterholt oder einen bläst, und als sie 's sehen wollte, haben Oliver und ich sie zugucken lassen. Irgendwann wollte sie 's halt auch mal probieren und naja, so ist eins zum anderen gekommen. Wir hatten jedenfalls unseren Spaß und haben auch einige Aufnahmen gemacht."

"Und was gab es dann für Probleme?"

"Da muss ich die Schuld auf mich nehmen. Nelli, so heißt sie, hat dann mal 'n paar Schulfreundinnen mitgebracht. Ab und zu haben auch mal welche bei uns übernachtet. Ich hab's geil gefunden, wenn die zugeguckt haben, wie ich 's mit Oliver mache. Es hat mich aber auch heiß gemacht zuzusehen, wie er seinen Schwanz in die anderen gesteckt hat. Es war für mich nicht schwer, die anderen davon zu überzeugen mitzumachen und ihr Jungfrauendasein zu beenden. Eine ist dann sogar fast jeden Tag vorbeigekommen, um sich von ihm ficken zu lassen. Sie muss damit irgendwo angegeben haben, denn plötzlich standen mindestens zehn Bullen vor der Tür."

"Und dann?"

"Bin ich wieder zurück ins Heim gekommen. Witzigerweise zusammen mit Nelli. Zum Glück war der Betreuer, der mich so schwer misshandelt hatte, nicht mehr da. Aber die Bullen müssen auch das Fotostudio von Oliver auseinandergenommen und einen Teil verscherbelt haben."

"Wie kommen Sie denn darauf?"

"Jahre später hab ich im Internet viele Fotos und Videos von Nelli und mir und einigen anderen Mädchen gefunden. Das waren die Andenken, die wir damals für uns gemacht haben. Ich weiß genau, dass Oliver nicht ein einziges Foto davon ins Netz gestellt hat."

"Was ist eigentlich aus ihm geworden?"

"Nelli und ich mussten zu seiner Gerichtsverhandlung. Aber unsere Aussagen hat niemand hören wollen. Die haben uns zwar ewig versucht einzureden, Oliver hätte uns gezwungen und wir hätten das gar nicht gewollt, aber das war ja gelogen. Trotzdem hat er dafür, dass er niemandem etwas getan hat, 10 Jahre bekommen."

"Und wie ging es mir Ihnen weiter?"

"Das Heim ist privat betrieben worden, und deshalb konnten wir da eigentlich machen, was wir wollten. Wir waren zu acht. Nelli war die Jüngste. Da meistens nur ein Betreuer da war, und die ihre Ruhe haben wollten, konnten wir oft heimlich kiffen und saufen. Wir hatten da zwei Jungs, die waren 16 und 17, und die sind super im Organisieren gewesen."

"Und die Schule?"

"Das war ein Witz. Da man der Meinung war, ich hätte zu viel versäumt, bin ich in die sechste Klasse einer Förderschule gesteckt worden. Ich war fast 14 und sollte mit den Kloppis Stoff lernen, den ich in der dritten Klasse der Grundschule hatte. Das ist totale Zeitverschwendung gewesen. In einer normalen siebten oder achten Klasse hätte ich sicher wieder Spaß am Lernen gehabt, und ich hätte ja nur Nachhilfe in Englisch gebraucht. Die haben aber gesagt, ich könnte das nicht beurteilen und die Förderschule wäre das Beste für mich. Klasse Entscheidung und ich konnte nichts dagegen machen, aber immerhin konnte ich mich wieder regelmäßig mit Volker treffen. Es hat ja niemand mehr nach mir gesucht."

"Bleiben wir bei der Schule. Nach dem jahrelangen Schulausfall wäre es doch sicher nicht so einfach geworden, wie Sie sich das vorstellen."

"Ich denke schon. Ich hab doch den beiden Jungs, die immer das Zeug organisiert haben, regelmäßig bei ihren

Hausaufgaben geholfen. Es ist nur niemand auf die Idee gekommen, mich mal zu testen."

"Und in diesem Heim hatten Sie Ihren ersten Kontakt mit Drogen?"

"Ja klar, war ja immer was da. Die Jungs haben geklaut oder kleine Brüche gemacht und wir Mädels haben angeschafft. Selbst der kleine Phillip hat mitgemacht."

"Sie haben sich also prostituiert?"

"Nee, das brauchten wir nicht. Nach meinen Erfahrungen stehen in der Nähe von vielen Kinderheimen Männer und Frauen an den Ecken oder am nächsten Imbiss und warten einfach."

"Frauen auch?"

"Ja klar. Unser kleiner Phillip war bei Frauen sehr beliebt, und die beiden Großen sind auch nur mit Frauen mitgefahren. Nelli hat mir nach knapp drei Wochen erzählt, dass sie einen der Männer richtig toll findet, und dass sie sogar bei ihm bleiben könnte. Zwei Tage später war sie weg. Sie ist auch nicht wiedergekommen. Ich hoffe, sie hat so einen tollen Mann wie Volker oder Oliver kennengelernt und es geht ihr gut."

"Haben Sie dort neue Männerbekanntschaften geknüpft?"

"Nein, dazu hatte ich gar keine Zeit. Ich hab nur aufpassen müssen, dass ich abends pünktlich um acht im Heim bin. Das ist so ziemlich das Einzige gewesen, worauf die Betreuer geachtet haben. Volker hat mich immer von der Schule abgeholt, weil er seit der Untersuchungshaft arbeitslos gewesen ist. Der Vorteil war, dass er viel Zeit hatte, und Geld brauchten wir nicht. Er hat mir immer etwas Taschengeld zugesteckt. Es ist ja auch schöner, mit Volker im Bett zu sein, als sich von einem Fremden im Auto ficken zu lassen. Das ist mir also erspart geblieben, dafür gab 's andere Schwierigkeiten."

"Nämlich?"

"Oliver hatte mir die Pille über einen Onlineversand bestellt. Dort hat er einen fiktiven Namen für eine Zwanzigjährige eingegeben und das hat reibungslos funktioniert. Ein Rezept haben wir nicht gebraucht, und wenn man einmal als Kunde registriert ist, läuft es problemlos weiter. Das hat natürlich im Heim so nicht mehr funktioniert, und mit den sieben Euro Taschengeld kommt doch niemand aus. Deshalb ist man ja drauf angewiesen, zu klauen oder anzuschaffen. Wir durften ja nicht arbeiten, auch wenn wir gewollt hätten. Das ist doch das Kranke an unseren Gesetzen, und Mädchen sind sowieso schneller in der Entwicklung. Spätestens mit zwölf will jede Sex, und dann gibt es so wenig Taschengeld, dass es nicht mal für die Verhütung reicht. Man hat uns doch in die Kriminalität oder in eine Schwangerschaft getrieben. Bei mir hat's zwei Monate gedauert, aber immerhin hab ich dann gewusst, warum mir jeden Morgen schlecht geworden ist. Außerdem war diesmal klar, dass Volker der Vater ist. Den Jungs im Heim hab ich abends nur einen geblasen, wenn ich was zu kiffen wollte."

Der Psychologe sieht auf die Uhr. "Unsere Zeit ist um für heute. In Ihrem Leben hat sich in der Tat eine Menge ereignet, und mit Ihrer erneuten Schwangerschaft machen wir in der nächsten Woche weiter."

"Ereignet hat sich wirklich viel. Sie haben heute ja auch viel mehr Notizen als sonst gemacht." Ich muss grinsen und verabschiede mich von Herrn Hoppe.

Mittwoch, den 08. Februar 2017

Die Begrüßung mit Herrn Hoppe entwickelt sich langsam zu einem kleinen Ritual. Ich freue mich auch schon jedes Mal

80

auf den Kaffee. Die frisch gemahlenen Bohnen aus seinem Vollautomaten sind extrem lecker. Wenn die Geräte nur nicht so teuer wären …

"So Frau Förster. Wo sind wir beim letzten Mal stehengeblieben? Sie waren erneut schwanger. Haben Sie damals über eine Schwangerschaftsunterbrechung nachgedacht?"

"Ich hab mit Volker darüber gesprochen, aber wir wollten beide das Kind. Ich konnte ihn zwar nicht als Vater angeben, weil er sonst sofort in den Knast gewandert wäre, aber diesmal konnte man mir das Kind auch nicht einfach wegnehmen. Ich war schon 14, musste aber nach der Entbindung in eine Mutter-Kind-Einrichtung umziehen. Mein Leben und mein Tagesrhythmus haben sich gravierend verändert, aber wir waren sehr stolz auf unsere kleine Julia. Da ich nicht zu Volker ziehen durfte, haben wir uns nachmittags immer getroffen und sind mit der Kleinen spazieren gegangen. Wir haben den Kinderwagen auch oft ins Auto gepackt und sind zu ihm gefahren. Schließlich wollten wir ficken, und das ging in der Mutter-Kind-Einrichtung nicht immer."

"Was haben Sie dort erlebt? Können Sie mir das schildern?"

"Es war eine Katastrophe, nur mit Frauen unter einem Dach zu leben. Jeden Tag diese Zickenkriege. Tagsüber war meist eine Betreuerin da, aber nachts waren wir oft allein. Der ebenfalls private Träger hat die Auffassung vertreten, dass wir alt genug sind. Die Wahrheit ist aber ganz anders gewesen, denn ich hab später erfahren, dass der Vertrag mit dem Jugendamt eine Rund-um-die-Uhr-Betreuung vorgesehen hat. Aber Personal, das nicht da ist, muss auch nicht bezahlt werden. Außerdem hat man schnell gemerkt, dass alle weniger Stress haben, wenn wir nachts allein sind."

"Wieso denn das?"

"Naja, nur weil wir alle Mütter waren, hat das Gesetz nicht mehr Taschengeld für uns vorgesehen. Aber auch als Teenie-Mama möchte man seinem Baby mal was Schönes kaufen. Immer nur Second-Hand-Klamotten vom Roten Kreuz befriedigen auf Dauer nicht. Und wir Mädchen wollten uns doch auch mal was gönnen. Hinzu kommt, dass ein Leben ohne Handy schon vor acht Jahren kaum möglich gewesen ist. Das muss irgendwie bezahlt werden. Da haben die Mädchen angeschafft. Einige hatten einen festen, aber andere immer wieder neue Männer. Die konnten doch zu uns kommen. Da die monatlichen Dienstpläne der Betreuerinnen aushingen, konnten wir uns darauf einstellen. Wir sind acht Mädchen gewesen, und manchmal war es nervig, wenn auch acht Männer da waren. Da mussten zum Duschen fast Nummern vergeben werden. Zu mir kam nur Volker. Trotz seines wenigen Geldes hat er uns unterstützt, so gut er konnte. Er ist auch einer der wenigen gewesen, die morgens bis um fünf geblieben sind. Das war ganz praktisch, denn dann konnte ich gleich die Kleine füttern. Es hat sich mit ihm wie 'ne echte Familie angefühlt. Bei den meisten Mädchen sind die Männer ja gleich nach dem Ficken abgehauen, spätestens nach dem Duschen. Mit Volker war's anders. Zwei Mädchen haben ihn auch mal angebaggert, aber er hat sie eiskalt abserviert. Ich weiß bis heute nicht, ob er in der Zeit, als ich bei Oliver war, andere Mädchen hatte. Er ist schließlich genauso sexsüchtig wie ich. Ich hab ihn aber nie danach gefragt. Immerhin hat Julia mich soweit verändert, dass ich seit der Entbindung immer treu geblieben bin. Außerdem rechne ich's ihm hoch an, dass er mir nie vorgeworfen hat, mit so vielen Jungs und Männern gefickt zu haben. Einen Menschen wie ihn trifft man nur einmal im Leben. Aber alle, die nur mein Bestes wollten, haben mir das Beste nie gelassen. Ich wäre ja schon dankbar gewesen, wenn die mich wenigstens mal nach meiner Meinung gefragt hätten. Es ist ja alles über meinen Kopf hinweg entschieden worden. Weil ich das noch nicht entscheiden kann, hat's immer nur geheißen. Selbst wenn ich heute zurückblicke, kann ich nur sagen, dass der Schaden, der mir zugefügt worden ist, aber auch das Leid, das ich ertragen musste, durch die Leute verursacht worden ist, die angeblich immer nur mein Bestes wollten."

"Aber jetzt mal ganz ehrlich, Frau Förster. Sie hatten ihren ersten Sex, als Sie fünf Jahre alt waren. Sind Sie inzwischen nicht zur Erkenntnis gekommen, dass das viel zu früh war?"

"Wie kommen Sie denn darauf? Volker ist das beste Beispiel. Er ist in einer Großstadt aufgewachsen. Damals ist überall die freie Liebe propagiert worden. Seine Eltern haben ihn in einen dieser Kinderläden gebracht. Das war die moderne Alternative zu den Kindergärten. Da sind die Erzieher und die Kinder nackt rumgelaufen, und es sollte ausdrücklich die Neugier im sexuellen Bereich gefördert werden. Die Kinder sollten nicht mehr so verklemmt sein wie ihre Eltern und Großeltern, und wenn sie sich an den Erziehern probieren wollten, dann war das halt so. Natürlich hab ich auch irgendwann überlegt, ob mit mir etwas nicht stimmt. Schließlich hat man mir immer wieder eingeredet, ich würde das alles völlig falsch sehen. Aber wie konnte falsch sein, was so viel Spaß macht und bei dem ich mich so gut fühle? Wenn ein Kind das auch möchte, sollte man ihm nicht einreden, dass das was Schlechtes ist. Es macht es doch trotzdem, und dann vielleicht gerade deshalb, weil es verboten ist. Aber Doktorspiele zwischen Kindern sind das Normalste auf der Welt. Wenn ein Kind dann mit Fragen zu den Eltern kommt, wird es oft angemeckert oder bekommt zu hören: Das erklären wir dir später, wenn du groß bist. Damit schadet man dem Kind viel mehr. Wenn heute ein Kindergarten in der Nähe einer Hauptstraße liegt, interessiert sich auch niemand dafür, ob die Abgase den Kleinen schaden. Wenn ich damals Volker und meine Mutter heimlich beobachtet hab, konnte ich doch sehen, dass es ihnen Spaß gemacht hat. Und wenn sie sich später von anderen Männern hat vögeln lassen, war sie anschließend auch immer gut drauf. Volker hat mir vor einiger Zeit im Internet gezeigt, wie seine Jugend aussah. Wussten Sie, dass es sogar mal Projekte gab, in denen Problemkinder gezielt zu Kinderschändern gegeben wurden? Das hat man gemacht, weil man wusste, dass die sich um die Kinder kümmern."

"Ja, das ist mir bekannt. Das war aber selbst damals höchst umstritten."

"Inzwischen hab ich den Eindruck, dass die Sexualität zu einer Modeerscheinung gemacht wird."

"Womit begründen Sie das?"

"Sex mit Kindern war schon bei den Griechen, Römern und den alten Ägyptern normal. Bis in die 20er Jahre galt Berlin sogar als die Hauptstadt der Kinderliebhaber. Dafür war Homosexualität verpönt und in den meisten Ländern strafbar. In einigen ist das sogar heute noch so. Wir haben das innerhalb von 30 Jahren umgedreht und jetzt sollen das alle toll finden? Inzwischen bin ich alt genug, um all das sagen zu dürfen. Jahrelang musste ich mir von den ganzen Psychotanten und -onkels anhören, dass ich ein gestörtes Weltbild hätte. Meine Gefühle und Empfindungen wurden dabei immer ignoriert."

"Frau Förster, ich merke, dass Sie das sehr aufwühlt. Daher schlage ich vor, wir machen beim nächsten Termin weiter. Glauben Sie mir, ich nehme Ihre Denkanstöße sehr ernst, und deswegen ist es jetzt auch mal an mir zu sagen, dass ich mich auf unseren nächsten Termin sehr freue."

Nachdem ich die Praxis verlassen habe, denke ich über seine letzten Worte nach. Sollte Herr Hoppe der Erste sein, der sich mit meinen Argumenten ernsthaft auseinandersetzt und nicht dem üblichen Mainstream folgt? Auch ich bin auf den nächsten Termin sehr gespannt.

Mittwoch, den 15. Februar 2017

"Hallo, Frau Förster", begrüßt mich der Psychologe schon fast ein wenig euphorisch. Wie inzwischen üblich, stehen zwei Tassen Kaffee auf dem Tisch und verbreiten ein angenehmes Aroma.

"Frau Förster, wie ich Ihnen bereits am Ende unseres letzten Termins gesagt habe, hat mir unser Gespräch wirklich zu denken gegeben. Sie sind die erste Frau in meiner Praxis, die den Sex in ihrer Kindheit nicht nur vehement verteidigt, sondern ihn sogar als angenehm empfunden hat. In Anbetracht Ihrer Geschichte und dem, was Sie mir davon erzählt haben, kann ich Ihnen durchaus folgen. Sie sind natürlich nicht meine erste Patientin, die schon sehr jung ihre ersten sexuellen Erfahrungen gesammelt hat. Gerade bei Mädchen und Frauen habe ich oft den Eindruck gewonnen, dass sie zumindest neugierig, wenn nicht sogar die treibende Kraft sind. Nur haben sich diese Frauen von der Polizei, den Gerichten und den Jugendämtern immer in die Opferrolle drängen lassen. Ich kenne auch einige wenige Fälle, wo solche Frauen therapiert werden mussten, weil sie später starke Schuldgefühle hatten. Immerhin waren aufgrund ihrer vorgezeichneten Opferrollen Männer ins Gefängnis gekommen. Bisher hatte ich zumindest Zweifel und den Verdacht, dass die vermeintlichen Täter im Vorfeld so viel Einfluss genommen haben, damit diese Frauen sich schuldig fühlen. Aber seit unseren Gesprächen sehe ich mich wirklich gezwungen, einige Aspekte aus einem anderen Blickwinkel zu betrachten."

"Das hört sich fast an, als hätten wir die Rollen getauscht."

"Soweit würde ich nicht gehen, aber zumindest werde ich darauf intensiver eingehen müssen."

"Viele, mit denen ich bisher gesprochen habe und deren Antworten ich für glaubwürdig halte, haben mir bestätigt, dass sie als Kind irgendwann mal in der Badewanne am Schwanz des Vaters oder an den Titten der Mutter rumgespielt haben. Je nachdem, ob es ein Junge oder ein Mädchen war."

"Glauben Sie, dass Ihre Mutter durch ihr Verhalten Ihre Entwicklung beeinflusst hat?"

"Natürlich. Ich hab früh eine gewisse Selbständigkeit erlernen müssen, aber ich glaube bis heute, dass ich dadurch für mich erkennen konnte, was richtig und was falsch ist. So hab ich zwar immer mal wieder Alkohol getrunken, aber ich hab auch gesehen, was das für Probleme mit sich bringt. Meine Mutter hatte ja oft genug ihre Gewaltexzesse. Das ist für mich ein absolutes No-Go. Daher ist es für mich auch logisch, einem Kind nie Gewalt anzutun oder es gegen seinen Willen zu etwas zu zwingen. Um gleich auf Ihre Frage zu kommen: Ja, damit meine ich auch Sex. Ich bin meiner Mutter bloß dafür dankbar, dass sie Volker wegen ihres Verhaltens in mein Bett getrieben hat. Er ist bis zum heutigen Tag meine Stütze, meine einzige Konstante. Er war und ist immer für mich da und hat noch nie etwas gegen meinen Willen gefordert. Wir sind tagsüber unzertrennlich und nachts unersättlich. Nach so vielen Jahren lieben wir uns immer noch wie am ersten Tag."

"Wie ging es damals in der Mutter-Kind-Einrichtung weiter?"

"Die ist zum Alltag geworden. Bis zu meinem 18. Lebensjahr war ich ja in den Fängen des Jugendamtes. Der einzige positive Aspekt war, dass ich mit Volker ab meinem 16. Geburtstag legal ficken durfte. Normalerweise dürfen Mädchen das mit 14, aber bei uns hieß es immer, es handele sich um das Ausnutzen einer schutzlosen Lage und es gäbe dadurch ein Abhängigkeitsverhältnis. Volker und ich hatten uns inzwischen für ein zweites Kind entschieden. Das hatte große Vorteile bei der Wohnungssuche. Ich wurde pünktlich am 18. Geburtstag von der Einrichtung vor die Tür gesetzt. Die Zuständigkeit des Jugendamtes war zu Ende und dann heißt es nur: Sie zu, wie du klarkommst. Aber immerhin haben sie mich noch bei der Wohnungssuche unterstützt, und mit zwei Kindern hatte ich Anspruch auf eine Drei-Zimmer-Wohnung, sodass wir auch zu viert genug Platz hatten. Wobei ich Volker immer noch außen vorlassen musste. Auch bei Clarissa, meiner Kleinen, hab ich den Vater als unbekannt angegeben. Das sind halt so die üblichen Tricks und Kniffe. Weil mir das Jugendamt mein ganzes Leben schwergemacht hat, sollen sie dafür auch bezahlen."

"Eines ist mir immer noch nicht klar. Bei allem, was sie mir bisher erzählt haben, kann ich nicht erkennen, weshalb sie überhaupt hier sind."

"Das ist 'ne ganz blöde Geschichte. Da hab ich mich tatsächlich ausnutzen lassen. Ein halbes Jahr vor meinem 18. Geburtstag zog Rebecca bei uns in der Einrichtung ein. Sie war 14 und kam mit ihren beiden Kindern zu uns. Mit ihrem Mann und ihren Eltern war sie von Eritrea aus nach Deutschland geflüchtet. Ihre Ehe ist hier annulliert worden und die Asylanträge wurden auch abgelehnt. Ihr Mann und die Eltern hat man schon abgeschoben. Wegen der Kinder ist sie geduldet worden und durfte bleiben. Sie war zwar klein und zierlich, aber eine lebenslustige Frohnatur, und sie hatte es faustdick hinter den Ohren. Das hab ich ihr wirklich nicht zugetraut. Wenn's darum ging, was zum Kiffen zu organisieren, war sie die Ansprechpartnerin Nummer eins. Mit ihren afrikanischen Kontakten lag sie da ganz weit vorne. Aber wie die meisten Mädchen auch, musste sie nebenbei anschaffen. Sie war bei den Freiern heiß begehrt. Die Typen fanden es wohl geil, mal 'ne kleine Schwarze zu vernaschen. Fast jede Nacht sind mehrere Männer hintereinander zu ihr gekommen, aber manchmal auch zwei gleichzeitig. In ihrer Gier nach Sex hat sie mich um Längen übertroffen. Irgendwann bin ich eines Nachmittags wegen der Wohnung mit Volker und den Mädchen unterwegs gewesen. Bis zum Umzug blieben nur noch wenige Wochen. Wir sind im Einkaufszentrum gewesen, weil wir noch diverse Kleinigkeiten kaufen mussten. Dort haben wir Rebecca getroffen, und sie hat mich gefragt, ob ich zwei ihrer Einkaufstüten mitnehmen kann. Sie waren zwar relativ schwer, aber da wir mit dem Kinderwagen unterwegs waren, ist das kein Problem gewesen. Als wir wieder an der Einrichtung angekommen waren, standen die Bullen vor der Tür. Das ist leider nichts Ungewöhnliches gewesen, denn Heimkinder hat man ja immer schnell im Verdacht, und die Bullen haben uns regelmäßig besucht. Als wir an ihnen vorbei sind, hat der Hund auf einmal angefangen, ganz aufgeregt zu reagieren. Um die Sache kurz zu machen: In den Einkaufstüten von Rebecca befanden sich drei Tafeln Haschisch. Weil ich selbst noch nie straffällig geworden bin, hab ich keine Notwendigkeit gesehen, Rebecca damit zu belasten, zumal man mich trotzdem bestraft hätte. Also hab ich meine Klappe gehalten, und nach drei Jahren hat man mich dann doch verurteilt. Allerdings nach dem Jugendstrafrecht. Schwere Kindheit, noch nicht in Erscheinung getreten. Das ganze Gesülze kannte ich von den anderen Mädchen. Meine Richterin hat sich nur daran gestört, dass ich immer wieder im Zusammenhang mit angeblichem sexuellem Missbrauch in Verbindung gebracht wurde. Deshalb hab ich die sechs Monate bekommen, die ich nur mit der Auflage umgehen konnte, die Therapiegespräche mit Ihnen zu machen. Das ist in meinen Augen allerdings der größte Unfug. Ich bin inzwischen 21 und könnte meinen Körper rund um die Uhr verkaufen, ohne dass es jemanden interessiert."

"Da gehe ich mit Ihnen konform, Frau Förster. Aber rein aus privatem Interesse. Wie sieht Ihre aktuelle Situation aus?"

"Kurz nach meinem 18. Geburtstag haben Volker und ich geheiratet. Inzwischen ist auch die Adoption der Mädchen durch ihn besiegelt. Wir leben in der Drei-Zimmer-Wohnung von Hartz IV. Ab und zu kiffe ich mal, ansonsten rauchen und trinken wir nicht. Schulden haben wir keine, sodass wir mit dem Geld ganz gut klarkommen. Wir sind oft mit den Mädchen draußen und an den Wochenenden ab und zu mal auf dem Reiterhof. Das macht den beiden viel Spaß. Im Grunde genommen sind wir eine ganz normale Familie."

"Das sehe ich mittlerweile genauso. Deswegen kann ich dem Gericht auch mit gutem Gewissen mitteilen, dass die Gespräche abgeschlossen sind, und ich keinen weiteren Therapiebedarf erkenne."

"Danke." Ich bin wirklich erleichtert. Endlich hat mir jemand richtig zugehört und nicht sofort seine voreiligen Schlüsse gezogen. Zufrieden verlasse ich die Praxis und fahre nach Hause.

Entscheidungsträger

Heute ist wieder einer dieser Tage, an denen ich mich gern an mein Studium erinnere. Das waren wilde Zeiten und natürlich wollten wir, wie fast alle Studenten dieser Zeit, die Welt verbessern. Es waren die 80er Jahre und Sozialpädagogik lag schwer im Trend. Die Aussicht auf eine Anstellung im öffentlichen Dienst erschien seinerzeit noch verlockend. Hinzu kam, der damalige ideologische Mainstream vertrat überwiegend die Meinung, Kapital sei etwas Schlechtes und dürfe auf keinen Fall unterstützt werden. Die linke Bewegung, gerade an den Universitäten, war noch sehr stark und einflussreich.

Nach dem Studium begann meine berufliche Laufbahn in einem der letzten Kinderläden nach dem Modell der 70er, ging weiter über einen Kindergarten, um letztlich vor 20 Jahren in einer betreuten Jugendwohngruppe zu enden. Unmittelbar davor war ich noch drei Jahre als Streetworker unterwegs. Die Wohngruppe ist zu meinem zweiten Zuhause geworden. Vor zwölf Jahren wurde mir die Leitung angeboten, und ohne lange zu zögern habe ich damals zugesagt. Die Arbeit hat mir immer Spaß gemacht, und trotz der sich regelmäßig wiederholenden Probleme, die dieser Job zwangsläufig mit sich bringt, hatte ich ein klares Ziel: für die

Kinder und Jugendlichen da zu sein und in ihrem Interesse zu handeln.

Genau das hat sich in den letzten Jahren radikal geändert. Die Kinder sind oft nur noch Mittel zum Zweck. Dieser Zweck besteht für einige scheinbar darin, die Wichtigkeit des eigenen Jobs unter Beweis zu stellen. Seit meinem ersten Tag hier sah der Stellenplan einen Leiter und vier Betreuer vor. Bei maximal elf Kindern ist das schon eine Herausforderung. Wir müssen schließlich rund um die Uhr für sie da sein, auch wenn unsere Schutzbefohlenen zur Selbständigkeit erzogen werden und wir ihnen dabei die größtmöglichen Freiheiten zugestehen sollen. Wir sind im Prinzip der Familienersatz. Deshalb haben wir in unserer Einrichtung 24-Stunden-Dienste. Alle Mitarbeiter des Teams wissen das und lösen sich im Normalfall um 11 Uhr vormittags ab. Dadurch haben alle genug freie Tage und selbst Urlaub oder Krankheit stellen kein unüberwindliches Problem dar. Natürlich wird gelegentlich auch eine Stelle frei, die neu besetzt werden muss. So kam Linda vor sieben Jahren zu uns. Mit Mitte 30 hatte sie in meinen Augen genau das richtige Alter für unser Team. Doch der erste Ärger mit ihr ließ nicht lange auf sich warten. Sie wurde halt in einem anderen Zeitgeist ausgebildet und hat das für sich vollkommen verinnerlicht. Für alle war sie bald nur noch Alice Schwarzers Tochter – eine junge Frauenrechtlerin, wie auch ich sie mir nicht schlimmer vorstellen konnte. Karrieregeil und jede Dienstanweisung in ihrer realitätsfremdesten Auslegung deutend. Eine gefährliche Kombination! Ein eigenes Kind hat sie nicht, gaukelt uns allen aber eine lesbische Beziehung vor, an die bis heute keiner glaubt.

Von Anfang an hatte Linda ein Problem mit Christina, meiner Stellvertreterin. Hier gab es nie einen offiziellen Stellvertreterposten, aber sie ist seit Jahren meine rechte Hand.

Diesen Status hat Linda ihr vom ersten Tag an geneidet. Vor allem deshalb, weil Christina nur Kindergärtnerin, Linda aber eine Hochschul-Diplomandin ist.

Das erste ernste Gespräch musste ich mit ihr führen, nachdem ich mitbekommen hatte, wie sie bei den Kindern anfing, unterschwellig Angst vor Männern zu schüren. Zuerst wollten nur die Mädchen nicht mehr draußen spielen. Aber dann besetzte ich eine freigewordene Stelle mit Markus, einem Mann. Was dann geschah, war unfassbar. Linda besaß die Unverfrorenheit, mich um einen Gesprächstermin zu bitten, in dem sie mir darzustellen versuchte, wie gefährlich es sei, einen Mann mit den Kindern, insbesondere natürlich Mädchen, allein zu lassen. Sie besaß sogar die Frechheit, mich zu fragen, ob ich keine Zeitung lese. Ein entscheidender Nachteil im öffentlichen Dienst ist, dass man solche Mitarbeiter nicht loswird. Jede private Firma hätte ihr wahrscheinlich wegen der Störung des Betriebsfriedens fristgerecht gekündigt und sie für die restliche Zeit beurlaubt. Ich ertappte mich zum ersten Mal dabei, mich mit solchen Gedanken zu beschäftigen, obwohl ich mich stets um ein harmonisches Arbeitsumfeld bemüht habe.

Linda weiß auch, dass ich in drei Jahren in den Vorruhestand gehen möchte. Seitdem bekommen die Kollegen gelegentlich zu hören, alles würde sich ändern, sobald sie das Zepter in den Händen hielte. Lieber arbeite ich bis zu meinem 85. Geburtstag als ihr die Heimleitung zu überlassen. Genau hier gibt es das nächste Problem: Es ist egal, ob sie völlig ungeeignet ist. Sie ist dran, denn unsere vierte Kollegin, Daniela, verlässt uns nächstes Jahr.

Ich halte Linda inzwischen für gefährlich. Ihr Streben nach Macht und Karriere ist eine Mischung, die noch nie hilfreich war. Aus genau diesem Grund sitze ich jetzt am

Schreibtisch und denke über das Dilemma nach, in welches sie mich und zwei Jugendliche gebracht hat. Immer wieder sehe ich dabei auf die zwei Akten, die vor mir liegen.

Die eine ist von Maria. Sie wird in zwei Monaten 14. Seit einem halben Jahr lebt sie hier und ist direkt aus dem Krankenhaus zu uns gekommen. Dort wurde sie monatelang behandelt. Ihre Familie war in einen tragischen Verkehrsunfall verwickelt. Die Mutter kam dabei ums Leben und der Vater ist seitdem querschnittgelähmt. Maria selbst hatte mehrere Brüche und Frakturen, aber bis auf einige Narben hat sie alles gut überstanden. Sie besucht mindestens zwei Mal wöchentlich ihren Vater und hofft, mit ihm bald wieder in einem Haushalt leben zu können. Ich wünsche mir, dass ihre Hoffnung wahr wird. Sie ist verantwortungsbewusst und hat gute schulische Leistungen. Maria hat ein einnehmendes Wesen, aber auf eine sehr angenehme Art. Sie kommt aus einem ordentlichen Elternhaus, ist witzig, redegewandt und schlagfertig. Sie sieht hübsch aus, ist charmant und weiß durchaus, wie sie mit diesen Reizen spielen kann. Sie ist bei allen sehr beliebt und hat mit ihrer Anwesenheit die Stimmung im Haus spürbar verbessert. Die Jungs sind ihr verfallen.

Die andere Akte ist von Tobias. Er ist ein introvertierter Junge. Letzten Monat haben wir seinen 14. Geburtstag gefeiert. Die Geburtstagsfeiern sind bei uns ein festes Ritual und die Betreuer feiern natürlich mit. Vor zwei Jahren ist er zu uns gekommen, obwohl er bereits seit seinem vierten Lebensjahr nicht mehr zu Hause lebt. Dort gab es Alkohol- und Gewaltexzesse. Nachdem seine Mutter ihn im Beisein des Vaters fast totgeprügelt hat, ist jeglicher Kontakt zu den Eltern unterbunden worden. Trotzdem hat sich Tobias gut entwickelt und es gab nie Schwierigkeiten mit ihm. Er hat nur eine Eigenart, wegen der er meist allein ist. Sobald er vor dem

Computer sitzt, kommentiert er jeden Mausklick und jeden Buchstaben laut. Dabei ist es egal, ob er einen Text schreibt, etwas im Internet sucht oder mit einem seiner Strategiespiele beschäftigt ist. Sein Dilemma ist, er hat aus seiner letzten Unterkunft einen verhängnisvollen Vermerk in der Akte. Ich finde die Formulierung furchtbar: 'Tobias hat an einem zwölfjährigen Mädchen aus der Gruppe sexuelle Handlungen vorgenommen.' Die damalige Betreuerin hatte die beiden Gleichaltrigen auf dem Bett seines Zimmers entdeckt. Dabei hat eine Hand von Tobias auf der Brust des Mädchens gelegen. Über dem T-Shirt! Eine ganz normale Sache, wie sie bei tausenden Kindern tagtäglich passiert. Aufgrund des Vermerks hatte ich damals, nachdem er zu uns gezogen war, mit der dortigen Leiterin telefoniert. Für sie war das eine Bagatelle. Es sei keine Gewalt im Spiel gewesen und außerdem das Normalste der Welt, in diesem Alter besonders neugierig zu sein. Trotzdem hatte die zuständige Betreuerin den Vermerk verfasst. Und nun hat Linda vor zwei Tagen Maria und Tobias beim Sex erwischt. Sie hat einen riesigen Aufriss gemacht. Dabei kann ich den beiden nur vorwerfen, dass sie hätten wissen müssen, wie neugierig Linda ist, und wie gern sie – ohne anzuklopfen – in die Zimmer der Jugendlichen platzt. Wahrscheinlich hat sie sogar gesehen, wie Maria zu Tobias gegangen ist und wollte ihr nachspionieren. Jetzt muss ich das wieder geradebiegen.

Bereits gestern hatte ich deshalb ein Gespräch mit Linda. Den Vorfall als solchen habe ich dabei nicht thematisiert. Vielmehr sollte sie mir erklären, warum sie sofort das Jugendamt informiert hat, ohne vorher mit mir zu sprechen. Sie hat mir allen Ernstes gesagt, von dem Jungen gehe eine Gefahr aus. Nicht nur für Maria, sondern für alle Mädchen hier. Deshalb hätte sie dringenden Handlungsbedarf gesehen. In diesem Augenblick habe ich mich allerdings gefragt, wie sie es jemals in die Kinder- und Jugendarbeit geschafft hat. Ich bin mit ihr so verblieben, dass wir in den nächsten Tagen noch einmal darüber sprechen.

Als nächstes hatte ich ein Gespräch mit dem zuständigen Kollegen im Jugendamt. Zum Glück kenne ich ihn schon seit zehn Jahren. Er hatte den Fall bereits auf dem Tisch, wollte aber ohnehin mit mir darüber sprechen. Er hat mir bestätigt, was ich schon geahnt habe: Die Konsequenzen für Tobias werden fatal. Ich habe ihm zugesagt, mich um die Sache zu kümmern, und er hat mir versprochen, Lindas Bericht zu vernichten, falls sich herausstellt, dass sie überreagiert hat.

Noch am selben Tag habe ich Tobias nach der Schule sofort zu mir gerufen. Ich sagte ihm, dass er unauffällig mit Maria zu mir ins Büro kommen soll. Eine Stunde später waren sie da und haben betreten auf den Boden gesehen.

"Ihr wisst, warum ihr hier seid?" Ich muss sehr streng gewirkt haben, aber diesen kurzen Augenblick wollte ich mir schon gönnen.

"Ja", hat Tobias ganz leise geantwortet.

"Okay, dann werd' ich euch jetzt mal sagen, was ich denke. Das, was ihr getan habt, passiert in diesem Augenblick bestimmt tausend Mal zwischen Jugendlichen in eurem Alter. Daran ist nichts verwerflich. Ich werde euch auch nicht auffordern, damit aufzuhören oder es verbieten und mit einer Bestrafung drohen." Die beiden sahen mich ungläubig an. "Ich muss euch aber einige Fragen stellen, auf die ihr absolut ehrlich antworten müsst."

"Ja, na klar", haben sie fast im Chor geantwortet.

"War das euer erstes Mal?"

"Nein", hat Maria sofort gestanden.

"Habt ihr ein Kondom benutzt?"

"Zwei Mal nicht, sonst immer."

Ich musste schmunzeln. Die erste große Liebe.

"Okay. Die Frage müsst ihr nicht beantworten. Wie oft habt ihr denn Sex?"

"Täglich und bei den zwei Mal ohne Gummi hatte ich meine Tage. Da konnte nichts passieren."

Tobias hat irgendwie peinlich berührt gewirkt.

"Wie ernst ist das zwischen euch?"

"Wir lieben uns wirklich." Maria griff nach Tobias' Hand.

"Gut. Ich mache euch jetzt einen Vorschlag. Ihr versprecht mir, immer auf Verhütung zu achten. Ich möchte nicht, dass es hier ein Mädchen gibt, das mit 14 Mutter wird. Und ihr macht eure Beziehung nicht publik. Das ist hier kein Stundenhotel." Ich griff in eine Schublade meines Schreibtischs. "Hier habt ihr einen Zehnerpack Kondome. Es soll nicht daran scheitern, dass euer Taschengeld nicht reicht. Ihr kommt zu mir, wenn ihr neue braucht. Ich will damit nicht kontrollieren, wie oft ihr miteinander schlaft, aber wir bekommen die Dinger kostenlos." Beide grinsten mich an. "Und nun zu dir, Maria. Ich werde für dich einen Termin beim Frauenarzt machen. Da gehst du mit Markus hin. Er muss nur mit, um die Zahlung und die Versicherung zu regeln. Bei deiner Untersuchung ist er nicht dabei. Ich kann die Pille für dich über unsere Kostenstelle abrechnen, so dass du nichts dafür bezahlen musst. Ist das okay für dich?"

"Na klar. Echt cool. Danke."

"Wenn ihr Fragen habt, dann kommt ihr zu mir. Ich habe mein ganzes Leben mit Jugendlichen gearbeitet, und deshalb ist das nichts Neues für mich." Die beiden haben sich verliebt in die Augen gesehen. In diesem Moment wünschte ich mir, nochmal vierzehn zu sein. Meine erste große Liebe, Erika, kam mir in den Sinn. "Aber ich habe auch Bedingungen", fuhr ich fort. "Ich muss noch mit Linda sprechen. Sollte sie sich stur stellen, dann haben wir ein Problem. Sollte euch also jemand fragen, dieses Gespräch hier hat nie stattgefunden. Wenn ihr miteinander schlaft, dann nur bei Tobias im Zimmer. Zumindest bis Maria 14 ist. Niemals woanders. Nicht unter der Dusche, nicht draußen, nicht in einer Umkleidekabine des Schwimmbads oder sonst irgendwo, und auch nicht, wenn Linda da ist. Alle anderen akzeptieren eure Privatsphäre. Es geht nur um die nächsten zwei Monate. Ihr lebt hier in einer Einrichtung. Tobias, eines muss dir klar sein: Du bist jetzt strafmündig. Für die anderen hier spielt das noch keine Rolle, aber für dich könnte das ernsthafte Konsequenzen haben. Ich komme in Teufels Küche, wenn jemand weiß, dass ich das dulde. Deshalb geht ihr immer auf dein Zimmer. Es ist ganz hinten, und da bekommt keiner was mit. Habt ihr das *beide* verstanden?"

"Ja", kam von ihnen wie aus der Pistole geschossen.

"Dann sind wir uns in diesem Punkt einig. Werdet ihr euch daran halten?"

"Auf jeden Fall", hat Tobias sofort bestätigt.

"Reichen euch die Kondome?"

"Ähm … Ich denke schon", stammelte er.

Ich musste lachen, und die beiden stimmten nach einem kurzen Moment mit ein. Dann griff ich nochmals in meine Schublade und drückte Maria noch einige Kondome in die Hand. An der Tür haben mich die Verliebten umarmt. "Danke. Wie sollen wir das jemals wieder gut machen?", fragte Maria.

"Noch ist die Kuh nicht vom Eis. Ich sag euch Bescheid, wie das Gespräch mit Linda gelaufen ist. Davon hängt schließlich alles ab. Und jetzt haut ab. Ich weiß doch, dass ihr's kaum noch erwarten könnt, die Dinger zu testen." Ich zeigte dabei auf die bunten Packungen in Marias Hand. Sie stellte sich auf die Zehenspitzen und hauchte mir ein Küsschen auf die Wange. "Danke."

Wieder allein im Büro, habe ich mir gewünscht, nochmal so verliebt zu sein. Ich bin auch davon überzeugt, richtig gehandelt zu haben. Natürlich verstoßen sie mit meiner Zustimmung zwei Monate lang gegen das Gesetz, aber für mich gehört der auf die Anklagebank, der solche Gesetze macht. Bei drei Monaten Altersunterschied! Selbst drei Stunden vor dem 14. Geburtstag dürfte Maria noch keinen Sex haben. Es ist manchmal unfassbar, was man den Jugendlichen aufbürdet. Trotzdem war die letzte Hürde noch nicht genommen. Mir stand ein weiteres Gespräch mit Linda bevor. Ein Gespräch, das ich in dieser Form noch nie hatte führen müssen und auch nicht führen wollte. Ich musste nachdenken und eine Lösung finden.

Heute ist es soweit. "Hallo Linda, nimm bitte Platz", begrüße ich sie und zeige auf den freien Stuhl am Tisch. Vor mir liegen einige Papiere, die ich achtlos etwas zur Seite schiebe.

Sie fängt sofort zu erzählen an. "Hast du schon was vom Jugendamt gehört? Kommt der Junge bald weg?"

"Brems dich mal und hör mir zu. Deinetwegen musste ich mich mit Dingen beschäftigen, die ich in meiner gesamten Dienstzeit noch nie zum Thema hatte. Ich habe hier eine Abmahnung für dich vorbereitet. Du hast den Dienstweg nicht eingehalten und mich, deinen Vorgesetzten, übergangen. Es gab ein Ereignis, das bei der wöchentlichen Dienstbesprechung hätte erörtert werden müssen. Du hast durch dein eigenmächtiges Verhalten gegen die Rahmenvereinbarung dieser Einrichtung verstoßen. Falls du der Meinung warst, dass die Angelegenheit keinen Aufschub geduldet hat und sofortiges Handeln nötig gewesen ist, dann hättest du mich oder

Christina als meine Vertreterin anrufen müssen. Aufgrund deines Fehlverhaltens hast du den Betriebsfrieden massiv gestört. Mit der Abmahnung stelle ich gleichzeitig den Antrag, dich in eine andere Einrichtung zu versetzen oder dir eine andere Tätigkeit zuzuteilen, da ich dich nicht für teamfähig halte."

Linda wird leichenblass. "Aber, … aber …", stammelt sie.

"Hast du dir wenigstens einmal darüber Gedanken gemacht, was mit dem Jungen, er hat übrigens einen Namen und heißt Tobias, passiert?"

"Er käme doch nur in eine andere Einrichtung."

"Warum hasst du ihn so sehr?"

Diese Frage scheint sie zu irritieren. "Ich hasse ihn nicht. Aber er hat sie zum Sex genötigt", versucht sie sich zu rechtfertigen.

"Er hat sie nicht genötigt. Es geschah vollkommen freiwillig. Du hast Maria, so heißt sie, nicht einmal gefragt. Du hast beide nicht gefragt. Du hast puren Aktionismus betrieben, ohne dir über die Konsequenzen Gedanken gemacht zu haben. Wäre Maria zehn Jahre alt, dann würden wir jetzt nicht hier sitzen und dieses Gespräch führen. Aber sie wird in zwei Monaten 14. Die beiden lieben sich und Teenager probieren sich aus. Das ist das Normalste der Welt. Hormone und Gefühle interessieren sich nicht für Gesetze. Aber du bringst Tobias in Teufels Küche. Er würde in eine andere Einrichtung kommen. Da hast du recht. Aber bist du dir überhaupt im Klaren, um was für eine Einrichtung es sich handelt und was damit noch alles ins Rollen kommt?"

"Ähm, was denn?"

"Du weißt es nicht? Du, die doch sonst jede Vorschrift auswendig kennt und studiert hat? Hast du das auf deiner Uni nicht gelernt? Ich frage mich wirklich, ob dir die Kinder schon jemals wichtig waren, oder geht's hier nur um deine Karriere und dein Emanzen-Gehabe?" Ich bin vor Wut fast außer mir. "Tobias ist 14 Jahre alt und damit strafmündig. Maria und ihn trennen drei Monate Altersunterschied. Sie ist nicht strafmündig, aber Sex mit ihr ist trotzdem strafbar. Es müsste ein Strafverfahren gegen ihn eingeleitet werden. Das wird zwar eingestellt, aber er käme trotzdem in eine Einrichtung für sexuell auffällige Kinder und Jugendliche. In seinem Alter wird dort aus ihm ein Kinderficker gemacht, und darüber wächst auch in Zukunft kein Gras mehr. Und weißt du warum? Weil du es aktenkundig gemacht hast." Den letzten Satz brülle ich fast. Dann mache ich keuchend eine kurze Pause, hole tief Luft und spreche normal weiter. "Tausende Teenager machen dasselbe durch wie die beiden. Das nennt man die erste große Liebe. Für die anderen ist das kein Problem, aber unsere Schützlinge befinden sich halt in einer kommunalen Einrichtung. Hier ticken die Uhren anders. Sie sind unser aller Kinder, meine Kinder. Es ist meine Aufgabe, für sie zu sorgen, auf sie zu achten und sie zu beschützen, und jetzt beschütze ich sie vor dir. Sie sind alle hier, weil sie es weiß Gott schon schwer genug im Leben hatten, und wenn bei den beiden das zarte Pflänzchen der Liebe blüht, dann freu ich mich für sie und zerstöre es nicht. Wer sollte unsere Kinder besser einschätzen können als wir?"

Mit trockenem Mund beende ich meinen Vortrag und bin von mir selbst überrascht. Aber diese Klarheit war notwendig.

Linda sitzt da wie ein Häufchen Elend und sagt keinen Ton.

"Ich möchte dir trotzdem noch eine reelle Chance geben", fahre ich fort.

Sie sieht mich fragend an.

"Ich habe mit dem Zuständigen im Jugendamt gesprochen. Wir rufen jetzt gemeinsam dort an, und du bestätigst ihm, dass dein Bericht ein Versehen war und vernichtet werden kann. Damit ist die Sache für alle Beteiligten vom Tisch. Außerdem stellst du einen Antrag auf Versetzung, der von mir, wie auch vom zuständigen Personalsachbearbeiter, wohlwollend bearbeitet wird. Du kannst schon nächste Woche in einer anderen Einrichtung anfangen. Im Gegenzug verzichte ich auf die Abmahnung und den Antrag auf Versetzung. So kannst du weiterhin an deiner Karriere arbeiten, und vielleicht hast du jetzt begriffen, dass du dafür niemals unsere Kinder missbrauchen darfst. Ich erwarte deine Entscheidung. Jetzt!"

Sie überlegt nur kurz, dann sieht sie mich an. "Lass uns anrufen."

Inklusion

Mit Grausen betrat ich den Klassenraum. Alle drei Monate musste ich mich dieser Tortur aussetzen. Warum konnte ich nicht einfach mal "Nein" sagen. Zum Beginn des Schuljahres wurde ich zum Elternvertreter gewählt. Einstimmig. War auch nicht schwierig, denn ich war der Einzige, der sich zur Kandidatur hatte breitschlagen lassen. Aber als alleinerziehender Vater war ich der Exot. Es gab noch einige Eltern, welche sich auch sehr engagiert über alles Mögliche beschwert hatten, aber der überwiegende Teil waren alleinerziehende Mütter. Einige davon hatten mich offensichtlich in ihr Beuteschema aufgenommen und riefen bei jeder Gelegenheit an. Hätte ich geahnt, was auf mich zukommt, dann hätte ich auf dieses Amt lieber verzichtet. Die Neuerung in diesem Schuljahr war, dass unsere Kinder sich plötzlich in einer Inklusions-Klasse befanden. Anfangs fanden wir das alle spannend, aber die ersten Probleme ließen nicht lange auf sich warten.

Seit dem Beginn des aktuellen Schuljahres gibt es zwei Inklusionsschüler in der Klasse. Franziska ist von der Hüfte abwärts gelähmt und sitzt deshalb im Rollstuhl. Aber sie strahlt so eine Zuversicht und gute Laune aus, dass man sie einfach gerne haben muss. Sie hat viele Freunde und wird, wenn es doch einmal nötig ist, von allen unterstützt.

Unser aller Problem ist Georg. Ich habe bis heute nicht wirklich verstanden, woran er leidet, aber er wird sehr schnell aggressiv, neigt zu Gewaltausbrüchen und wurde sogar bei zwei Mädchen sexuell übergriffig. Es dauerte keine sechs Wochen, bis er das erste Regal zerlegt und zwei weitere Wochen später den ersten Mitschüler verprügelt hatte.

Trotz anderslautender Programmpunkte war er auch bei unserer heutigen Elternversammlung das Hauptthema. Kaum hatten alle Platz genommen, wurden die Lehrer und ich von der Elternschaft massiv angegriffen. Ob wir mit dem Schulpsychologen, dem Jugendamt und der Gewaltpräventionsstelle gesprochen hätten? Wie ernsthaft wären Mediations- und Befriedungsgespräche geführt worden? Der Rektor und die Lehrer hätten eine viel zu lasche Grundhaltung. An einer echten Problemlösung sei wohl niemand interessiert, hieß es. Wenn man die berechtigten Sorgen der Eltern wahrnehmen würde, denn müsste man den Schutz der Kinder vor Gewalt und sexueller Nötigung ernst nehmen. Jegliches Kleinreden und Beschwichtigen von Gewaltformen sollte an einer Schule keinen Platz haben, Inklusion hin oder her. Die Kinder hätten einen Anspruch auf einen angstfreien Lern- und Lebensraum.

Damit wurde es sofort wieder chaotisch. Ich konnte nicht begreifen, warum man die Klassenlehrerin und mich angriff? Wir waren genau derselben Meinung und nicht dafür verantwortlich. Sämtliche Beschwerden landeten bei der Schulleitung, aber es gab einfach keine spürbaren Konsequenzen. Zu Recht wird von allen ein schneller Verweis aus der Klasse, ab besten sogar von der Schule, gefordert. Letztlich wäre das sogar im Interesse von Georg. Er kam aus einer Förderschule und war dort gut aufgehoben. Jetzt musste die ganze Klasse darunter leiden, dass sich irgendwelche Politiker profilieren wollten. Im Fall von Franziska funktionierte die Inklusion hervorragend. Im Fall von Georg eben nicht. Für eine funktionierende Inklusion musste es entsprechend geschulte Pädagogen geben. Genau hier lag das Problem. Dafür gab es weder genug Geld, geschweige denn qualifizierte Lehrkräfte.

Anstelle derer gab es Schulpsychologen, Sozialpädagogen, Gewaltexperten, Senior Partner und Jugendämter. Das an dieser Stelle die Eltern fehlten, schien nicht so wichtig zu sein. In meiner Freizeit hatte ich sogar an Gesprächen mit einigen dieser Leute teilgenommen und dabei den Eindruck gewonnen, sie schoben die Verantwortung nur hin und her. Letztendlich konnten wir aber fast alle davon überzeugen, dass dringender Handlungsbedarf bestand. Nachdem sich einige Zuständige an den Schulrat als Aufsichtsbehörde gewandt hatten, gab es ein großes Donnerwetter.

Der Beschluss der Schulkonferenz war sofort gekippt worden. Georgs Mutter könnte prozessieren und es dürfe auf keinen Fall negative Presse geben, hieß es. Außerdem schade so etwas der Statistik, und es gäbe im Schulalltag sowie im Schulgesetz genügend Regeln, um das Problem vor Ort zu lösen. Man wies sogar auf die in einem halben Jahr stattfinden Wahlen hin. Damit standen wir wieder am Anfang. Wir Eltern und Lehrer waren mit den politischen Fehlentscheidungen allein gelassen worden. Konsequenzen für Georgs krasses Fehlverhalten wären wünschenswert gewesen, denn auch ein Inklusionsschüler merkt, dass sein Verhalten direkte und unmittelbare Folgen hat.

Aber vor allem sollten die Mitschüler sehen, dass Georg Grenzen gesetzt und sie vor ihm geschützt wurden. Bisher jedoch fühlte sich der Delinquent in seinem Verhalten eher bestätigt, und die Mitschüler merkten, dass er für bestimmte negative Verhaltensweisen einen Freibrief und mit keinerlei adäquaten Konsequenzen zu rechnen hatte. Doch dafür gab es jetzt ein Beratungsteam aus schulrelevanten Fachleuten, welche die Verhaltensauffälligkeiten besprachen. Dieses Team sollte gezielte Hilfen erarbeiten, um sie dann mit den Erziehungsberechtigten zu besprechen.

Übrigens nahm Georgs Mutter heute wieder nicht an der Elternversammlung teil. Die Dame reagierte auch auf Anfragen seitens der Schule nicht. Wahrscheinlich war sie mit der Situation einfach überfordert, was ihr Verhalten selbstverständlich entschuldigte. Nach über einer Stunde konnten wir den ersten Tagesordnungspunkt aufgreifen – die bevorstehende Klassenfahrt. Zuerst verlas die Klassenlehrerin ein unmissverständliches Schriftstück des Schulrats. Er hatte in diesem Zusammenhang angewiesen, Georg auf keinen Fall auszuschließen. Immerhin beschlossen wir Eltern daraufhin einstimmig, auf die Reise zu verzichten.

Danke für eure Hilfe

20. August – Tagebucheintrag

"Heute waren wir auf Mamas Beerdigung. Die Urne geht langsam nach unten. Mamas Überreste passen in solch einen kleinen Behälter. Das ist also alles, was von ihr übriggeblieben ist. Jetzt ist es endgültig – sie ist tot. Vor gerade einmal fünf Monaten hatte Mamas Ärztin den Krebs festgestellt. Die Welt ist ungerecht. Warum hat es Mama getroffen? Sie hat doch niemandem etwas getan. Nie hat sie ein böses Wort gesagt. Wir haben dagestanden, geweint und zugesehen, wie der Rest von ihr in diesem kleinen Loch versinkt. Als es vorbei war, haben wir schweigend den Friedhof verlassen."

Mitte September – Tagebucheintrag

"Wir haben uns einigermaßen in unserem neuen Leben eingerichtet. Im Haus ist es viel stiller geworden. Die Zeit heilt alle Wunden, heißt es immer. Derzeit sieht es nicht danach aus. Aber wir haben einen Alltag. Ich gehe zur Schule und Papa zur Arbeit. Wir gehen zusammen einkaufen, wir kochen, wir essen und wir verbringen sehr viel Zeit miteinander. Seit Mamas Tod schlafe ich bei Papa im Schlafzimmer. Wir nehmen uns in den Arm und trösten uns gegenseitig, weil wir wissen, dass wir füreinander da sind. So hat Papa das gesagt, und ich finde, es stimmt auch genauso. Nach zwei Wochen habe ich zum ersten Mal wieder in meinem Zimmer geschlafen. Ich habe noch lange wach gelegen und als ich auf die Toilette musste, konnte ich hören, dass Papa geweint hat. Seitdem ist mein Zimmer fast überflüssig geworden."

10.Oktober – Tagebucheintrag

"Heute waren wir zum ersten Mal seit der Beerdigung im Kino. Nach unserem wöchentlichen Besuch auf dem Friedhof hat Papa spontan vorgeschlagen, endlich wieder einmal etwas zu unternehmen. Erst waren wir Burger und Pommes essen, dann haben wir uns den neuen Disney-Film angesehen. Wir haben herzlich gelacht und selbst daheim war es zum ersten Mal nicht mehr so still wie in den letzten Wochen."

Anfang November – Tagebucheintrag

"Unser Leben hat sich verändert. Papa fährt nur noch drei Mal pro Woche ins Büro und arbeitet viel zu Hause. Außerdem kuscheln wir viel mehr zusammen als früher. Das macht er bestimmt, weil Mama nicht mehr da ist. Als sie noch gelebt hat, haben wir auch immer zusammen gegessen und gespielt. Manchmal Brett- und manchmal Kartenspiele. Es hat mit ihr viel mehr Spaß gemacht, aber dafür kann Papa nichts. Die meisten Spiele sind eher langweilig, wenn man sie nur zu zweit spielt, und Schach oder Dame sind nicht mein Ding. Wenn wir abends zu dritt noch zusammen ferngesehen haben, habe ich mit Mama oft unter der Sofadecke gelegen. Jetzt kuschele ich mit Papa. Wenn er mich in den Arm nimmt, fühle ich mich absolut sicher und geborgen."

28. Dezember – Tagebucheintrag

"Weihnachten waren wir bei Oma und Opa. Es war irgendwie bedrückend. Alle haben versucht, so zu tun, als wäre alles normal, dabei hat jeder gemerkt, dass Mama fehlt. Ohne sie ist alles anders. Das Schmücken des Baums und das Zubereiten des Gänsebratens hat sie immer gemacht, weil sie es am besten konnte. Omas Rotkohl und die Klöße sind auch lecker, aber das Fleisch ist bei ihr viel zu trocken. Mit dem Baum haben sich Papa und Opa echt Mühe gegeben, aber wenn Mama ihn geschmückt hat, dann war er viel, viel schöner. Ich bin richtig froh, dass Weihnachten endlich vorbei ist und wir wieder zu Hause sind. Als ich mit Papa gestern Abend im Bett gelegen habe, hat er mich fest in den Arm genommen und gesagt, dass es ihm genauso gegangen ist wie mir. Und dann haben wir beide zu lachen angefangen. Am Schluss hat er mir ein Küsschen gegeben und ich bin sicher und geborgen eingeschlafen. Ich bin froh, dass Papa bis Anfang Januar Urlaub hat."

30. Dezember – Tagebucheintrag

"Papa und ich haben beschlossen, Silvester allein zu bleiben. Wir sind ein paar Mal shoppen gewesen. Die Geschäfte waren rappelvoll, aber ich hatte Papa die ganzen Tage für mich. Wir haben viele tolle Sachen gefunden, und er hat mir neue Klamotten gekauft. Ich bin richtig stolz, dass er mich alles hat selbst aussuchen lassen. Besonders hat mir gefallen, als er meinte, ich muss nicht unbedingt nur in der Kinder- und Mädchenabteilung suchen, um schöne Sachen zu finden."

1. Januar – Tagebucheintrag

"Der Silvestertag hat ruhig begonnen. Nach dem Frühstück
bin ich mit Papa zum Friedhof gefahren. Wir haben Mama
erzählt, wie es uns geht. Das machen wir schon seit Oktober
so, weil es uns das Gefühl gibt, sie bei allem mit einzubezie-
hen. Seitdem Papa das vorgeschlagen hat, fällt es mir nicht
mehr schwer, mit auf den Friedhof zu kommen. Es war immer so bedrückend für mich. Heute konnte ich es aber kaum
erwarten, mit ihm loszufahren. Ich hatte Mama so viel zu erzählen. Auch wenn ich mir das nur einbilde, aber es fühlt sich
manchmal fast so an, als wäre sie noch bei uns. Am Abend
haben wir trotzdem auf Fondue oder Raclette verzichtet. Zu
zweit macht das keinen Spaß. Deshalb haben wir uns für
Tapas und etwas Knabberzeug entschieden. Weil wir keine
Lust auf diese komischen Gute-Laune-Sendungen im Fernsehen hatten, haben wir uns auf dem Nachhauseweg noch
schnell drei DVDs gekauft. Das war echt kompliziert, aber
wir haben uns dann doch auf Filme geeinigt, die uns beiden
gefallen. Wir haben beim Bäcker auch noch Berliner gekauft.
Weil es nebenan Raketen und Böller zu kaufen gab, haben
wir uns spontan neu entschieden und doch welche geholt. Eigentlich wollten wir dieses Jahr auf die Knallerei verzichten,
aber Papa und ich, wir lieben Feuerwerk und Mama hätte das
auch gewollt, hat er gesagt. Wir haben Raketen und Sonnen
mitgenommen. Die Berliner haben wir gleich gegessen, als
wir wieder zu Hause waren, und dann haben wir uns ins Bett
verzogen, um schon etwas Vorzuschlafen. Das Wetter war
sowieso Mist, deshalb hat nichts dagegengesprochen. Obwohl ich nachmittags nie schlafe, bin ich sofort eingenickt.
Als wir wach geworden sind, war es draußen schon dunkel.
Am Fenster haben wir die Lichter der anderen Häuser und

auch schon einige Raketen in den Himmel steigen sehen. Es sah schön aus, wenn sie explodiert und die bunten Lichter nach unten gefallen sind. Ich bin mir sicher, Mama hätte das auch gefallen. Etwas später haben wir in der Küche unsere Tapas gemacht. Papa hat nebenbei im Wohnzimmer den Tisch an der Couch gedeckt, und wir haben uns schon beim Essen den ersten Film angeguckt. Die Zeit bis Mitternacht ist wie im Flug vergangen. Außer der Komödie haben wir uns noch zwei Animationsfilme von Pixar angesehen und viel gelacht. Weil Silvester war durfte ich sogar zwei Gläschen Schokoladenlikör trinken. Kurz vor zwölf sind wir dann mit unserem Feuerwerk runter in den Garten gegangen. Papa hat mir den Hammer und ein paar Nägel in die Hand gedrückt. An dem Holzgestell, auf das Mama im Sommer immer die Blumen gestellt hat, habe ich sie eingeschlagen und die Sonnen angebracht. Papa hat mir dabei geholfen und ist dann schnell nochmal nach oben. Er hat zwei Gläser Sekt geholt und es pünktlich bis zum Countdown wieder nach unten geschafft. Aus dem Nachbarhaus war nämlich schon das Runterzählen im Fernsehen zu hören. Wir haben zusammen angestoßen. Naja, toll hat mir der Sekt nicht geschmeckt, aber stolz und glücklich war ich trotzdem, weil ich nicht wie früher mit Orangensaft anstoßen musste."

3. Januar – Tagebucheintrag

"Letzte Nacht hat es zum ersten Mal geschneit. Obwohl wir gestern erst spät ins Bett gegangen sind, bin ich heute Morgen zeitig aufgewacht und habe mich zuerst gewundert, warum es draußen so hell gewesen ist. An der Balkontür habe ich dann gesehen warum. Alles ist weiß gewesen, und so unberührt hat es irgendwie märchenhaft ausgesehen. Ich habe die Tür aufgemacht und kurz die klare, frische Luft eingeatmet. Es war ganz schön frostig draußen. Als mich Papa plötzlich von hinten umfasst hat, bin ich ganz schön erschrocken. Ich hatte gar nicht gemerkt, dass er gekommen ist. Er hat mich von hinten in den Arm genommen und gesagt, ich soll aufpassen. Nur im Nachthemd könnte ich mir den Tod holen. Trotzdem haben wir eine Weile unserem Nachbarn beim Schneeschippen zugesehen. Dann ist Papa eingefallen, dass er das auch noch machen muss, weil am Wochenende der Winterdienst nicht kommt. Wir haben uns schnell angezogen und während er unten den Gehweg freigemacht hat, habe ich das Frühstück vorbereitet. Den Rest des Tages haben wir gefaulenzt und nur ein bisschen ferngesehen, weil heute der letzte Ferientag ist. Morgen muss ich wieder in die Schule, aber am ersten Tag passiert sowieso nicht viel."

Meine Vermutung war aufgegangen. Der erste Schultag des neuen Jahres war entspannt verlaufen. Wir Schüler hatten uns darüber ausgetauscht, wie wir die Ferien verbracht haben und was es an Weihnachtsgeschenken gab. Selbst die Lehrer waren noch im Ferienmodus. Mein neues Outfit war bei den anderen gut angekommen, und gerade die Jungs haben mich ganz schön angeglotzt. Die Mädchen aber auch.

Bereits auf dem Weg nach Hause freute ich mich aufs Essen. Papa hatte einen seiner Homeofficetage und da kocht er immer. Schon beim Aufschließen der Tür erwartete ich den leckeren Duft aus der Küche, aber es roch nicht nach Essen. Stattdessen erwarteten mich zwei Polizisten und eine mir unbekannte Frau. Mich erfasste Panik. 'Ist meinem Papa etwas Schlimmes passiert?', war mein erster Gedanke. Wie gelähmt stand ich vor den Uniformierten, die im dem Moment noch nichts sagten.

"Was wollen Sie hier und wo ist mein Papa? Hat er einen Unfall und liegt im Krankenhaus?", platzte es aus mir heraus.

Der eine Polizist kam auf mich zu, fasste mich leicht am Arm und sah mir in die Augen. "Keine Angst. Dein Papa ist bei uns. Es ist alles in Ordnung mit ihm. Das ist Frau Saathoff-Rehns vom Jugendamt. Du gehst erst einmal mit ihr mit und sie wird dir alles erklären", versuchte er mich zu beruhigen.

"Ich gehe nirgendwo hin. Ich will wissen, was mit Papa ist", antwortete ich ärgerlich.

"Die Polizei hat nur ein paar Fragen an deinen Vater. Aber das kann etwas dauern und deshalb packen wir jetzt einige Sachen für dich zusammen. Jetzt bringen wir dich vorläufig erst einmal bei lieben Menschen unter, wo du solange bleiben kannst, bis mit deinem Vater alles geklärt ist", sagte die ältere Frau zu mir, welche mir als Mitarbeiterin des Jugendamts vorgestellt worden war.

Ich schätzte sie auf Mitte fünfzig. Sie war altmodisch gekleidet, wirkte auf mich wie eine pensionierte Lehrerin und nicht wie jemand, der beruflich mit Jugendlichen meines Alters zu tun hat. "Ich wohne hier und bin alt genug, um auch allein die paar Stunden im Haus bleiben zu können. Essen ist genug da, und jetzt sagen Sie mir endlich, wo mein Papa ist", wandte ich mich erregt an den Polizisten.

"Wir wissen noch nicht, wie lange das mit deinem Papa dauern wird und dürfen dich in der Zeit nicht allein lassen. Also geh jetzt und pack ein paar Sachen ein. Frau Saathoff-Rehns übernimmt dann alles Weitere. Ansonsten müssen wir dich zwangsweise mitnehmen, und das will keiner von uns", versuchte der Polizist mich zu beruhigen.

Trotzig ging ich nach oben in mein Zimmer, nahm eine

kleine Tasche und verstaute darin alles, was ich für ein paar Tage brauchte. Der zweite Polizist begleitete mich. "Erzählen Sie mir endlich, was überhaupt los ist. Ich will doch nur wissen, warum mein Papa bei der Polizei ist", fragte ich schon fast flehentlich.

"Das weiß ich auch nicht. Wir sollen bloß dafür sorgen, dass die Frau vom Jugendamt dich mitnimmt", antwortete der Polizist, der eine Polizistin war. In ihrer altmodischen Uniform und mit den kurzen Haaren sah sie wie ein Mann aus.

Ich war kurz irritiert, fing mich aber sofort wieder und glaubte ihr kein Wort. Das lag hauptsächlich daran, weil sie nicht nur unsympathisch, sondern auch unehrlich auf mich wirkte. Trotzdem ergab ich mich meinem Schicksal, holte nur noch mein Zahnputzzeug aus dem Bad und packte es zu den anderen Sachen in meiner Tasche. Dann gingen wir wieder nach unten, wo die anderen schon auf uns warteten.

"Nimm auch deine Schulsachen mit!", wies mich die Polizistin an.

"Wieso denn das? Ich denke ..."

"Du sollst deine Schulsachen mitnehmen!", wiederholte sie sehr barsch.

Immer noch irritiert und ahnungslos folgte ich allen Anweisungen wie in Trance und wir verließen das Haus. Um die Ecke standen ein Polizeiauto und noch ein zweiter Wagen. Auf dem Nachhauseweg waren sie mir nicht aufgefallen, weil ich gewöhnlich aus der anderen Richtung kam. Frau Saathoff-Rehns, die Polizistin und ich stiegen in den silbernen Skoda, der Polizist in sein Dienstfahrzeug. Die Fahrt begann.

Nach ungefähr 20 Minuten blieben wir vor einem mir fremden Haus stehen und stiegen aus. Die Polizisten und ich folgten Frau Saathoff-Rehns zur Eingangstür. Die Mitarbeiterin des Jugendamts klingelte. Nach wenigen Augenblicken öffnete ein kleiner Junge, er musste um die acht Jahre alt sein, die Tür. "Frau Gehrmann. Die Bullen", brüllte er sofort nach drinnen. Wenige Sekunden später kam eine korpulente Frau mit einem kleinen Mädchen auf dem Arm zum Eingang. "Hallo, Frau Gehrmann. Das ist Laura Proetel", stellte Frau Saathoff-Rehns mich vor. "Wir müssen Laura bei Ihnen unterbringen."

"Dann komm rein Laura. Ich bin die Simone. Ich zeig dir gleich dein Zimmer", lächelte sie mich an.

Die Polizisten verabschiedeten sich von mir und gingen zu ihrem Auto zurück, während ich meine beiden Taschen nahm, das Haus betrat und Simone folgte. Frau Saathoff-Rehns blieb hinter mir. Wir kamen ins Wohnzimmer, wo noch drei andere Kinder spielten. Simone setzte die Kleine, die sie auf dem Arm hatte, in ein Gitterbettchen und deutete mir an, ihr weiter zu folgen.

Wir gingen ins Obergeschoss. Rechterhand stand eine Tür offen. Simone betrat das Zimmer und lächelte mich an. "Hier kannst du erst mal bleiben. Pack deine Sachen aus. Das Badezimmer ist eine Tür weiter", sagte sie freundlich und deutete aus der Zimmertür nach links. "Da ist ein Regal frei, auf das du deine Zahnbürste und dein Duschzeug stellen kannst. Richte dich erst mal ein. In einer Stunde gibt es Abendessen", ergänzte sie und verließ mit Frau Saathoff-Rehns das Zimmer.

Ich war allein und irritiert. Alles klang so, als sollte ich hier einziehen. Noch immer wusste ich nicht, wo Papa ist und was sich überhaupt ereignet hatte. Ich sah keinen Grund, mich hier einzuquartieren, denn morgen würde ich wieder nach Hause gehen. Ich war am anderen Ende der Stadt und bräuchte von hier aus bis zur Schule wahrscheinlich genauso lange wie von daheim. Ich setzte mich kurz aufs Bett und sah mich um. An der gegenüberliegenden Wand stand nur noch ein Schrank mit zwei Türen. Am Fenster war ein alter Schreibtisch mit einem Drehstuhl aufgestellt. Zwei Regalbretter hingen seitlich davon an der Wand. Es gab keine Uhr in diesem Raum, auch keinen Fernseher oder Computer. Nur weiße Wände, keine Bilder oder Fotos. Lediglich über dem Kopfende des Betts war noch eine kleine Leselampe angebracht worden. Eine Schreibtischlampe wiederum gab es nicht. Alles sollte seinen Zweck erfüllen, aber wohlfühlen konnte man sich hier nicht. Der einzige Farbtupfer war die Minnie-Maus-Bettwäsche und das hieß: Ich war zu alt für dieses Haus.

Ich stand auf und ging zum Fenster. Von hier aus konnte ich auf die Felder sehen, welche hinter dem Grundstück begannen. Ich war also tatsächlich am Stadtrand. Plötzlich fiel mir ein, dass ich noch Hausaufgaben zu erledigen hatte. Während ich meine Schulsachen auspackte, dachte ich darüber nach, wie viele Kinder hier schon gesessen haben könnten. Scheinbar unterhielt Simone eine Art 'Notfamilie', in der Kinder unterkamen, wenn es schnell gehen musste. Eine Klassenkameradin von mir wurde auch mal so untergebracht, als ihre Eltern einen Autounfall hatten.

Ich saß noch immer am Schreibtisch, grübelte vor mich hin und hatte jedes Zeitgefühl verloren, als ich plötzlich hörte, wie jemand "Essen" durchs Haus brüllte. Erschrocken zuckte ich zusammen und stellte fest, dass ich mit der Hausaufgabe noch nicht einmal angefangen hatte. Ich legte den Stift zur Seite und ging nach unten.

Die anderen Kinder saßen bereits am Esstisch, aber auch eine mir unbekannte Frau. Simone stellte sie vor. "Das ist

Petra, unsere Nachbarin und meine beste Freundin." Ich ging zu ihr, gab ihr die Hand und stellte mich vor. "Oh, gute Erziehung, und sehr hübsch obendrein", stellte Petra lächelnd fest. "Du brauchst dich doch nicht zu schämen", ergänzte sie lachend. Ich musste wohl rot geworden sein. "Setz dich! Wir haben alle Hunger."

Ich nahm auf dem letzten freien Platz neben ihr Platz und merkte, dass ich einen Bärenhunger hatte. Mein Mittagessen war schließlich ausgefallen. Auf dem Tisch stand ein großer Teller mit Frikadellen. Dazu gab es Kartoffeln und Mischgemüse. Ich aß eine große Portion und nahm mir nach und nach drei Frikadellen. Sie waren selbstgemacht und schmeckten sehr lecker. Auch die anderen Kinder aßen offensichtlich mit großem Appetit. Als Nachtisch gab es noch Pudding. Alles schien gut organisiert zu sein, denn nach dem Essen brachte jeder sein Geschirr in die Küche. So war der Tisch in kürzester Zeit abgeräumt und alles in der Spülmaschine verstaut.

"Ich mach jetzt die Kleinen fürs Bett fertig. Am besten machst du das auch schon, aber wir können nachher hier unten noch etwas fernsehen", sagte Simone zu mir.

"Okay", antwortete ich kurz und ging nach oben. Etwas Ablenkung war nicht verkehrt, damit ich mir nicht weiter den Kopf darüber zermarterte, was mit Papa los sein könnte und warum ich eigentlich hier war. Ich zog meine Sachen aus und ging mit Slip und T-Shirt ins Bad, um zu duschen.

Aus den anderen Zimmern waren noch Kinder zu hören, aber Simone schien alles unter Kontrolle zu haben. Als ich einige Minuten später aus dem Bad zurückkam, war es ruhig, was meinen Eindruck über Simone bestätigte. Ich streifte mir noch schnell einen sauberen Slip und ein neues T-Shirt über und ging wieder nach unten. Die beiden Frauen saßen auf dem Sofa und bedeuteten mir, zwischen ihnen Platz zu nehmen. Im

Fernsehen lief ein 'Tatort'. Simone und Petra verfolgten konzentriert das Geschehen, so dass ich keine Möglichkeit sah, jetzt Antworten auf meine Fragen zu bekommen. Auf dem Tisch standen Getränke und etwas zu knabbern. Das leere Glas war wohl für mich bestimmt, vermutete ich.

"Gieß dir was zu trinken ein. Von den Knabbersachen kannst du dir natürlich auch nehmen. An dich muss ja mal was drankommen", kam es im selben Augenblick von Simone.

Ich war schlank, aber nicht dünn. Die beiden Frauen wiederum waren recht füllig, ohne wirklich dick oder fett zu sein. 'Aber deutlich fülliger als Mama', verglich ich unwillkürlich. Sie hatten auch eine größere Oberweite. Da ich nicht weiterkam, füllte ich mein Glas mit Orangensaft und verfolgte ebenfalls den Film. Ab und zu griff ich nach einigen Chips. Mit dem Abspann des Films wollte ich endlich auf mein Zimmer gehen.

"Bleib ruhig noch. Wir sehen uns noch einen Film an", sagte Petra zu mir.

"Ich sehe nur schnell nach den Kleinen", erwiderte Simone und verschwand nach oben.

Petra begann dann mit Small Talk. "Wie alt bist du eigentlich?"

"Zwölf", antwortete ich.

"Wow. Ich hätte dich älter eingeschätzt. Du siehst wie eine junge Frau aus. Hast du schon einen Freund?"

"Nee, noch nicht. Die Jungs in meiner Klasse sind alle noch voll albern", entgegnete ich etwas verlegen.

"Dann musst du dir einen älteren suchen. Du siehst doch toll aus."

Ich wollte gerade etwas antworten, da kam Simone mit einer Schale voller Äpfel und einem Messer zurück. "Simone, kannst du dir vorstellen, dass Laura mit ihren zwölf Jahren noch keinen Freund hat?", fragte Petra sie ganz aufgeregt. Während sie eine DVD einlegte, fragte sich mich noch kurz: "Echt nicht?"

Auch diesmal kam ich nicht zum Antworten, denn sie startete den Film. Ohne jeden Vorspann ging es los. Ein paar Kinder, ungefähr ein oder zwei Jahre älter als ich, ritten mit Pferden aus. Zurück auf dem Reiterhof gingen alle, es waren drei Jungs und drei Mädchen, in ein Zimmer mit einem großen Bett und zogen sich dort aus. Sie fingen mit Sexspielchen an. Zwei Mädchen begannen, den Jungs an den Pimmeln zu lutschen, während die dritte das Ding des letzten in die Hand nahm. Ich hatte bisher nur einmal einen kurzen Pornofilm bei einer Freundin auf dem Smartphone gesehen. Meine sexuellen Erfahrungen waren gleich null. Ich muss wie gebannt auf den Bildschirm gestarrt haben, doch irgendwie erregte mich auch, was ich dort sah.

Plötzlich griff Petra mit ihrer Hand zwischen meine Beine. Da ich im Schneidersitz saß, konnte ich meine Beine nicht so schnell zusammenmachen. "Na, du kleine Schlampe. Gefällt dir, was du dort siehst? Macht dich das geil?", fragte sie süffisant, während sie sich fast über mich lehnte.

"Hör auf damit und nimm deine Hand da weg! Lass mich los!", brüllte ich panisch und versuchte, mich zu befreien. Erst jetzt bekam ich mit, dass mich Simone plötzlich von der anderen Seite festhielt.

"Sei leise!", herrschte mich Simone an. Der Blick, mit welchem sie mich ansah, verhieß nichts Gutes, aber immerhin schaffte ich es, meine Beine auf den Boden zu bekommen und aneinanderzupressen. Auf einmal griff Petra nach dem Messer, das auf dem Tisch lag, und hielt es mir an den Hals. Ich konnte das kalte Metall deutlich spüren. "Hör zu, du kleine Nutte. Du bist leise und machst schön, was wir dir sagen. Wenn du aufmuckst, ziehen wir andere Seiten auf", sagte sie leise, aber eindringlich zu mir. Angst und Panik übermannten mich. Ich verkrampfte und merkte, wie trocken mein Mund war. "Und jetzt machst du schön die Beine breit!", forderte sie mich auf, während sie noch immer das Messer an meinen Hals hielt. Ich zögerte kurz, wusste aber nicht, wie ich mich wehren konnte. "Spreche ich Spanisch?", kam sehr aggressiv von ihr. Gleichzeitig drückte sie das Messer spürbar fester gegen meinen Hals.

Ich tat, was sie verlangte. Mit ihrer Hand fuhr sie in meinen Slip und versuchte, mir einen Finger in meine Muschi zu stecken. Das habe ich, seitdem ich denken kann, schon oft selbst bei mir gemacht. Der Pornofilm, der immer noch weiterlief, hatte eine gewisse Wirkung bei mir hinterlassen. Ich war etwas feucht und so steckte Petra ihren Finger noch tiefer in mich rein. Er war deutlich größer und dicker als meiner und fühlte sich unangenehm an. "Hör zu, du kleine Schlampe. Ich nehme jetzt das Messer weg und du tust schön, was wir dir sagen", befahl mir Petra. Vollkommen verängstigt nickte ich nur, während sie ihren Finger weiter in meiner Muschi hin- und herbewegte. Endlich nahm sie nicht nur das Messer von meinem Hals, um es zurück auf den Tisch zu legen, sondern auch ihren Finger aus mir heraus.

"Mach keine Zicken und zieh dich aus!", kam es plötzlich von Simone. Ihr Befehlston ließ keine Spielräume und deshalb zog ich im Sitzen Slip und Shirt aus. Mit meinen Händen versuchte ich mich zu bedecken. Grob nahm Simone meine Hand zur Seite und klemmte sie zwischen ihre Beine. Sie hatte keine Unterwäsche unter ihrem Rock. Ich spürte ihre nasse Muschi. "Guck mal, sie hat kaum Haare. Fast noch 'ne richtige Kinderfotze", sagte sie zu Petra. "Aber ihre Titten nehmen schon Form an", kommentierte sie weiter, während sie mit ihrer freien Hand an meinen Brüsten spielte. Mit zwei Fingern fummelte sie an einem meiner Nippel, woraufhin er etwas hart wurde. "Schau an, die kleine Nutte wird ganz geil. Ihr Alter muss viel Spaß mit ihr gehabt haben", meinte sie süffisant.

"Das denk ich auch", kam es von Petra, die schon wieder ihren Finger in meine Muschi steckte. "Sie wird auch immer feuchter."

Irgendwie war ich ganz woanders. Während die beiden sich an meinem Körper vergingen, und ich es geschehen lassen musste, war es so, als hätten sich meine Gedanken von meinem Körper gelöst. Was meinte Simone, als sie sagte, mein Alter hätte Spaß mit mir gehabt? Petra zog ihren Finger aus meiner Muschi und fing an, meinen Kitzler zu bearbeiten. Wenn ich das abends heimlich bei mir machte, bekam ich fast immer einen Orgasmus, aber jetzt spürte ich nichts.

Unvermittelt griff mir Petra fest in die Haare und nahm ihre Hand von meinem Kitzler. "So, du Schlampe. Wir wollen dich ja nicht geil machen, sondern du uns." Sie stand auf und zog mich an den Haaren nach oben. Dann drehte sie mich um und führte mich direkt vor Simone. "Los, hinknien! Du leckst sie jetzt bis sie kommt." Ich hatte keine Ahnung, was ich jetzt wirklich tun sollte. Simone saß mit gespreizten Beinen vor mir und grinste mich an. Ihre Muschi glänzte, und sie steckte sich zwei Finger hinein. Petra zwang mich nach unten und drückte meinen Kopf zwischen Simones Schenkel. Ich schloss die Augen. Ein unangenehmer Geruch zog mir in die Nase. "Los, leck ihr die Fotze!", befahl mir Petra und drückte mich stärker gegen Simone. Mein Gesicht wurde nass, und panisch begann ich, mit meiner Zunge ein Ziel zu suchen.

"Ja schön. Weiter oben, bis du meinen Kitzler spürst",
sagte Simone lustvoll und nahm meinen Kopf zwischen ihre
Hände. Sie führte meine Zunge dorthin, wo sie sie haben
wollte. Petra kniete sich neben mich und steckte wieder einen
Finger in meine Muschi. Simone hielt meinen Kopf an einer
Stelle fest. Ich bekam kaum noch Luft. "Los! Mach schneller
mit deiner Zunge, du kleine Dreckshure", stöhnte sie. Immer
fester zog sie meinen Kopf in ihren Schoß. Ich hoffte nur
noch, dass es bald vorbei sein würde. "Gleich komm ich",
stöhnte Simone und während sie anfing, unkontrolliert zu zucken, presste sie ihre Schenkel noch weiter gegen meinen
Kopf. Ich bekam fast gar keine Luft mehr und hatte das Gefühl, gleich zu ertrinken. Ich versuchte, mich aus der Umklammerung zu befreien. Endlich ließ sie nach und fiel
erschöpft nach hinten. Ich war wieder frei. Dass Petra immer
noch mit ihrem Finger in mir steckte, war mir egal. Mein ganzes Gesicht fühlte sich verklebt an, und ich hatte nur noch den
Wunsch zu duschen.

"Setz dich wieder aufs Sofa, du geile Schlampe", forderte
mich Petra auf. Also war es noch nicht vorbei. "Mach die
Beine wieder schön auseinander." Simone war noch sichtlich
erschöpft, was sie jedoch nicht davon abhielt, mit ihrer Hand
wie nebenbei an meinem Kitzler zu spielen. Petra hingegen
strich mit ihrer Hand über mein feuchtes Gesicht, um das
klebrige Zeug auf meiner Brust zu verschmieren. "Das hast
du schon ganz gut gemacht", versuchte sie mich zu loben,
während sie meine Titten bearbeitete. Langsam begann es zu
schmerzen, aber ich hätte mir auch einen Arm abgehackt, um
hier wegzukommen.

Scheinbar konnte Simone Gedanken lesen. "Für den ersten Tag warst du schon ganz gut. Jetzt geh hier unten duschen, damit du die Kleinen nicht weckst und dann bring ich

dich ins Bett. Du musst morgen früh schließlich zur Schule."

Das ließ ich mir nicht zweimal sagen, sammelte meinen Slip und mein Shirt auf und ging schnell ins Bad. Das Wasser war eine Befreiung. Endlich konnte ich mein Gesicht waschen. Aber auch nach zehn Minuten unter dem heißen Wasser fühlte ich mich noch schmutzig. Ich weiß nicht warum, aber im Moment konnte nicht einmal weinen.

Ich trocknete mich ab. Als ich die Dusche verließ, kam Simone und begleitete mich nach oben. "Ich habe dir noch etwas zu trinken und ein paar Kekse hingestellt, falls du nachts noch etwas brauchst." Von einem Augenblick zum anderen schien sie wie verwandelt, aber ich sollte mich täuschen. Als ich mich ins Bett legte, setzte sie sich auf die Bettkante und schob ihre Hand unter die Decke. Wenige Sekunden später spürte ich einen Finger zwischen meinen Beinen. Apathisch spreizte ich sie etwas. Ich war gebrochen und wollte nur noch meine Ruhe. "Am Wochenende, wenn Klaus, mein Mann wieder da ist, bekommst du auch einen richtigen Schwanz da unten rein. Er freut sich bestimmt, wenn ich ihm erzähle, wie schön du mich geleckt hast. Aber jetzt schlaf schön", sagte sie liebevoll und küsste mich tatsächlich noch auf die Stirn, bevor sie das Zimmer verließ.

Meine Gedanken überschlugen sich. Ich wollte nur noch zu Papa. Wie konnte man überhaupt zulassen, dass ich so etwas erleben musste. Ich weinte mich in den Schlaf und wachte nachts mehrmals von Alpträumen gequält auf.

Ich war wie gerädert, als der Ruf "Aufstehen" durchs Haus schallte. Meine Zimmertür öffnete sich und Simone kam herein. Sie machte sofort das Licht an. Es blendete mich. Ich war noch völlig irritiert, als sie sich aufs Bett setzte. Ich war fast erleichtert, als ihre Hand diesmal nur unter meinem

T-Shirt landete und sie über meine Brust streichelte. Sie schien mich für ihr Spielzeug oder ihre Sklavin zu halten. "Los, du kleine Nutte. Aufstehen und Zähne putzen. Das Frühstück wartet", hauchte sie. Dann stand sie wieder auf und ging ins nächste Zimmer.

'Werden die anderen Kinder auch so geweckt?', rätselte ich. Es dauerte einen Augenblick, bis ich mich aus dem Bett bewegte. Meine Tasche stellte ich auf den Schreibtisch und nahm mir etwas zum Anziehen heraus. Nach dem kurzen Besuch im Bad ging ich zurück ins Zimmer und zog mich fertig an. Kurzentschlossen steckte ich auch einige Anziehsachen mit in die Schultasche. Dann ging ich nach unten und stellte sie im Flur ab. Ich ging zum Frühstückstisch und machte gute Miene zum bösen Spiel.

Während ich, innerlich widerwillig, zwei Marmeladenbrote und eine Tasse Kakao zu mir nahm, beobachtete ich die anderen Kinder am Tisch. Ob und was sie sich gefallen lassen mussten, konnte ich nicht erahnen. Sie waren zwar relativ ruhig, aber das konnte auch der frühen Morgenstunde geschuldet gewesen sein. Eine halbe Stunde vor Schulbeginn machte ich mich auf den Weg. "Bis nachher. Komm pünktlich. Wir warten nicht mit dem Essen", verabschiedete mich Simone. Ich war wahnsinnig erleichtert, als ich das Haus endlich verlassen konnte. Von hier aus brauchte ich ungefähr eine viertel Stunde zur Schule. Aber die war nicht mein Ziel.

Nach ungefähr zehn Minuten betrat ich das Polizeirevier. Gleich an der Tür stand ein Tresen, dahinter saß ein Polizist in Uniform. Ohne ein "Guten Morgen" oder mich vorzustellen, platzte es aus mir heraus. "Ich wurde vergewaltigt. Bitte helfen Sie mir!" Der Polizist ließ alles stehen und liegen, kam zu mir und führte mich zu einem Stuhl. "Setz dich und warte einen Moment. Ich hole jemanden." Der Polizist ging zurück hinter den Tresen und telefonierte kurz. Dann kam er zurück zu mir. "Du wirst gleich abgeholt. Möchtest du etwas trinken? Soll ich deine Eltern anrufen?" Er schien ehrlich besorgt zu sein, aber ich schüttelte nur den Kopf.

Wenige Minuten später erschien der Polizist, der mich gestern zu Hause abgeholt hatte. "Laura?", sprach er mich fragend an. "Was ist passiert?"

Wie ein Wasserfall begann ich zu erzählen.

"Warte, warte!", bremste er mich. "Wir gehen in mein Büro. Ich muss zuerst das Jugendamt anrufen." Während wir dorthin gingen, erklärte er mir, dass er mich, da ich minderjährig sei, nicht befragen dürfe, und wir auf einen Erziehungsberechtigten warten müssten.

"Wo ist denn Papa? Kann ich ihn sehen? Kann ich zu ihm?", platzte es aus mir heraus.

"Nein, leider noch nicht. Da haben sich noch mehr Fragen ergeben. Er ist auch nicht hier, sondern bei der Kriminalpolizei. Wir sind hier nur ein kleines Revier", meinte er entschuldigend zu mir. Wir waren im Büro angekommen.

"Das muss doch etwas mit seiner Arbeit zu tun haben, oder?" Ich wollte endlich Antworten haben und setzte mich an den Tisch.

"Wahrscheinlich. Aber ich weiß es wirklich nicht. Jetzt muss ich aber erst mal telefonieren." Er griff zum Hörer. Ich konnte dem Gesprächsverlauf zwar nur einseitig folgen, aber aus seinen Worten schloss ich, dass er mit Frau Saathoff-Rehns sprach.

Nachdem das Telefonat beendet war, informierte er mich, dass Frau Saathoff-Rehns ungefähr eine halbe Stunde bräuchte, bis sie hier wäre. Er brachte mich zu einem großen, hellen Warteraum und fragte mich noch, ob ich etwas trinken möchte. Er könne mir auch den Fernseher in der Ecke anmachen, meinte er. Ich entschied mich für Apfelsaft und etwas Unterhaltung. Da ich mich ohnehin auf nichts konzentrieren konnte, wählte ich einen Musiksender. Ich ärgerte mich nur, mein Tagebuch nicht dabei zu haben. Ein großes Verlangen, das Erlebte aufzuschreiben, machte sich in mir breit.

Ich weiß nicht genau, wie lange ich gewartet hatte. Mein Glas war jedenfalls leer, als der Polizist mich zu sich rief. Im Büro saß nun auch Frau Saathoff-Rehns.

"Laura, ist es okay für dich, wenn ich deine Aussage aufnehme? Das ist einfacher und geht wesentlich schneller. Das Protokoll kann ich dann später schreiben", fragte er mich.

Ich nickte, der Polizist schaltete das Gerät an und ich begann über die letzte Nacht zu erzählen. Nachdem ich geendet hatte, stand er auf, nahm das Diktiergerät in die Hand und meinte kurz: "Ich muss telefonieren." Dann verließ er das Büro und ließ mich mit Frau Saathoff-Rehns allein.

"Ich kann das alles gar nicht glauben", waren die ersten Worte von ihr. "Seit mehr als zehn Jahren bringe ich Kinder bei Frau Gehrmann unter. Die sind zwar meist jünger, aber noch nie habe ich Beschwerden bekommen. Im Gegenteil." Sie sah sehr betroffen aus. "Wollen wir in den Warteraum gehen, bis der Polizist wiederkommt?", fragte Frau Saathoff-Rehns, als sie sich wieder gefangen hatte.

"Gerne", erwiderte ich nur kurz und wenige Augenblicke später waren wir dort. Während ich mich wieder der Musik widmete, begann sie wie wild auf ihr Smartphone einzuhämmern. Ich fühlte mich wahnsinnig erleichtert, nachdem ich mir alles von der Seele geredet hatte. Allerdings wusste ich immer noch nicht, was mit Papa los ist.

Es dauerte sehr lange bis der Polizist wiederkam. "So, meine Damen. Würden Sie mir bitte in mein Büro folgen."

Wir trabten ihm hinterher und nahmen wieder auf unseren Stühlen Platz. Mit ernster Miene sah er mich an. "Da hast du uns ja einen ganz schönen Bären aufgebunden, Laura. Ich habe mit Frau Gehrmann gesprochen. Sie hat mir bestätigt, dass ihre Nachbarin, Frau Petra Raddatz, zum Abendessen bei ihr war. Sie hat dann allerdings das Haus verlassen, weil sie zum Nachtdienst musste. Ich habe auch mit dem Arbeitgeber von Frau Raddatz gesprochen. Anhand der Stempelkarte konnte er sehen, dass sie am Arbeitsplatz war. Darüber hinaus habe ich noch mit einem Herrn Leitner gesprochen. Er ist der Kollege von Frau Raddatz und hatte mit ihr zusammen Dienst. Er hat mir bestätigt, dass sie auf Arbeit war. Ansonsten hat Frau Gehrmann gesagt, dass du gestern gegen 20 Uhr, zusammen mit den anderen Kindern im Haus, schlafen gegangen bist. Gegen 21 Uhr hat sie nochmal in allen Zimmern nach dem Rechten gesehen und alle Kinder, auch du, haben geschlafen. Sie hat gestern Abend auch ferngesehen, allerdings eine Dokumentation über einen bekannten Musiker. Sie hat mir sogar den Inhalt grob umrissen. Und nun, Laura, möchte ich von dir gerne wissen, wieso du dir so eine Geschichte ausdenkst?"

Die Ausführungen des Polizisten hatten mich wie ein Schlag ins Gesicht getroffen. "Das ist nicht wahr", konnte ich nur stammeln und hatte keine Ahnung, wie das sein konnte. Ich hatte das doch nicht geträumt.

"Dann ist es sicher auch nicht wahr, dass dein Vater dich seit mindestens einem halben Jahr sexuell missbraucht, oder?", fragte er mich mit einem leicht ironischen Gesichtsausdruck.

Ich war vollkommen entsetzt. "Was? Wer behauptet denn so was? Das stimmt nicht."

"Ich habe hier die Aussage eures Nachbarn von gegenüber. Er hat beobachtet, dass du schon seit längerer Zeit im
Schlafzimmer deines Vaters übernachtest. Er sagt, er war früher, als deine Mutter noch lebte, öfter mit seiner Frau bei euch
und kennt die Räumlichkeiten im Haus. Am Morgen des dritten Januars hat er vor seinem Haus Schnee geschoben und
konnte deutlich sehen, dass du nackt an der geöffneten
Terrassentür gestanden hast. Dein Vater kam wenige Augenblicke später, auch nackt, an diese Tür, hat dich von hinten
umklammert und seine Hände auf deine Brüste gelegt", sagte
er zu mir und sah dabei auf das Blatt, auf dem die Aussage
des Nachbarn stand.

"Das ist nicht wahr. Ich hatte mein Nachthemd an und
mein Vater seine Unterhose. Er würde mich nie so anfassen",
erwiderte ich schon leicht panisch.

"Ich weiß nicht, ob ich dir glauben kann", meinte der
Polizist und sah erst Frau Saathoff-Rehns und dann wieder
mich an. "Ich mache dir jetzt einen Vorschlag. Du fährst mit
Frau Saathoff-Rehns ins Krankenhaus und lässt dich dort
untersuchen. Die Ärzte können feststellen, ob das stimmt,
was du sagst. Anschließend fährst du wieder zu Frau Gehrmann. Wenn du dich bei ihr und Frau Raddatz für das, was
du hier gesagt hast, entschuldigst, dann bin ich bereit, unser
Gespräch zu vergessen", schlug er vor und sah Frau Saathoff-
Rehns an. "Sind Sie damit einverstanden?"

Sie nickte, aber damit war ich nicht einverstanden. "Niemals! Niemals setze ich auch nur einen Fuß in dieses Haus!
Eher bringe ich mich um, als das ich nochmal dorthin zurück-
kehre!", unterbrach ich sie hysterisch.

"Wie du willst", war die Antwort von Frau Saathoff-
Rehns. "Trotzdem fahren wir erst einmal ins Krankenhaus
und dann sehen wir weiter", schlug sie vor.

"Okay", antwortete ich erleichtert. Innerlich triumphierte ich. Die Ärzte würden feststellen, dass Papa unschuldig ist. Unseren blöden Nachbarn hatte ich schon immer gehasst. Die hatten mich schon zweimal bei meinen Eltern angeschwärzt, als ich angeblich etwas angestellt hatte. Und jetzt erzählten sie solche Lügen über meinen Vater. 'Wenn wir wieder zu Hause sind, muss ich ihm das unbedingt sagen', ging mir durch den Kopf.

Mit dem Auto brauchten wir ungefähr zehn Minuten bis zum Krankenhaus. Wir gingen in die gynäkologische Abteilung – also zum Frauenarzt. Mama war mit mir auch schon einmal beim Frauenarzt gewesen. Es war mir damals sehr unangenehm, mich breitbeinig auf diesen Stuhl zu setzen. Doch diesmal ging ich mit einem ganz anderen Gefühl dorthin. Der Arzt stellte mir erst einige Fragen zu Größe, Gewicht, Krankheiten und ob ich schon Sex hatte. Wahrheitsgemäß berichtete ich ihm, dass ich gestern von zwei Frauen vergewaltigt worden war. Dann musste ich mich ausziehen und auf den Stuhl setzen. Er hob meine Beine an, legte sie auf die Bügel an den Seiten und setzte sich direkt vor meine Muschi. Nachdem er sich Handschuhe angezogen hatte, begann er, mich abzutasten. "Ich führe dir jetzt einen Vaginalspreizer ein, damit ich sehen kann, wie es in dir aussieht", erklärte er mir und hielt ein merkwürdig aussehendes Instrument in die Höhe. Ganz vorsichtig schob er es bei mir ein. Dann griff er an seine Kitteltasche und zog einen Kugelschreiber heraus. Ich begriff schnell, dass ich mich geirrt hatte. Es war eine kleine Taschenlampe, mit welcher er kurz in meine Muschi leuchtete. Es war schnell vorbei. "Du kannst wieder aufstehen und dich anziehen, Laura. Mit dir ist alles in Ordnung. Dein Jungfernhäutchen ist noch da, aber an deinem Scheideneingang kann ich leichte Rötungen erkennen. Das kann allerdings auch davon kommen, dass du eine enge Hose trägst, die dort etwas reibt. Ich werde das alles so aufschreiben und dann kannst du wieder gehen."

Ich war überglücklich, ging nach draußen zu Frau Saathoff-Rehns und berichtete ihr vom Ergebnis der Untersuchung.

"Gut. Dann komm mal mit, wir müssen noch woandershin", antwortete sie nur kurz. Wir fuhren mit dem Fahrstuhl drei Etagen nach oben. An einer großen Tür stand "Kinder- und Jugendpsychiatrie – Geschlossene Abteilung". Gleich hinter der Tür im ersten Raum saß eine Krankenschwester. "Guten Tag. Das ist Laura Proetel. Herr Doktor Braun wartet auf uns", sagte Frau Saathoff-Rehns in gedämpftem Tonfall.

"Dann kommen Sie gleich mit. Herr Doktor Braun wartet schon auf Sie", antwortete die Krankenschwester und führte uns zu seinem Büro zwei Türen weiter. Hinter dem Schreibtisch saß ein kleiner, schmächtiger Mann, welchen ich auf ungefähr 60 Jahre schätzte. "Herr Doktor, die Laura Proetel ist jetzt da", kündigte mich die Krankenschwester an.

"Hallo Laura. Herzlich Willkommen. Bitte setz dich", begrüßte er mich herzlich.

"Ich überlasse sie Ihnen, Herr Doktor. Ich habe im Haus noch etwas zu erledigen." Mit diesen Worten verließ uns Frau Saathoff-Rehns und ging mit der Krankenschwester zurück.

"So, Laura. Ich bin Doktor Braun und in den nächsten Monaten für dich zuständig", begann er das Gespräch.

"Die nächsten Monate?", fragte ich etwas irritiert. "Wie oft soll ich hierherkommen? Und warum?"

Nun war es an ihm, mich ungläubig anzusehen. "Nein, nein. Du musst da etwas missverstanden haben. Du bleibst für mindestens drei Monate hier."

"Ich bleibe was?"

"Du bleibst hier. Hat dir das Frau Saathoff-Rehns nicht gesagt?"

Entsetzen machte sich in mir breit. "Nein, sie hat mir nichts gesagt. Das ist sicherlich ein Irrtum."

"Das glaube ich nicht. Ich habe hier einen Gerichtsbeschluss vom zuständigen Amtsgericht mit heutigem Datum. Demnach hast du in Anwesenheit der Polizei und von Frau Saathoff-Rehns Selbstmordabsichten geäußert. Aus diesem Grund sind sie verpflichtet, dich zu schützen und hierher zu bringen. In den folgenden Monaten ist es an mir festzustellen, ob du dich wirklich mit Selbstmordgedanken befasst."

Ich fing an zu lachen. "Das können wir beschleunigen. Ich habe gesagt, dass ich mich eher umbringe, als wieder in das Haus von Frau Gehrmann zu gehen. Frau Gehrmann und ihre Freundin haben mich gestern vergewaltigt. Kann ich jetzt gehen?"

"So einfach ist das nicht, kleines Fräulein. Dieser Gerichtsbeschluss ist bindend. Selbst wenn ich wollte, dürfte ich dich nicht gehen lassen. Ich würde mich dadurch strafbar machen. Das andere Problem hast du gerade selbst genannt. Du hast behauptet, vergewaltigt worden zu sein. Außerdem besteht der Verdacht, dass dich dein Vater über einen längeren Zeitraum sexuell missbraucht hat. Wir werden in den nächsten Wochen Gespräche führen, damit ich mir ein Bild über dich machen kann."

"Ich kann gar nicht hierbleiben. Ich muss schließlich in die Schule. Außerdem muss Papa bald nach Hause kommen. Der Frauenarzt hat vorhin sogar festgestellt, dass mein Papa mich nicht missbraucht haben kann. Ich bin nämlich noch Jungfrau", argumentierte ich siegessicher.

"Gut Laura. Als erstes kommt hier jeden Tag ein Lehrer. Der Unterricht ist zwar nicht so lang und für alle Kinder, aber du hast hier Schule. Und Missbrauch kann auch ganz anders stattfinden. Aber darüber sprechen wir später. Eins noch: Wenn du hier mitmachst, wirst du uns nach drei Monaten wieder verlassen können. Solltest du dich querstellen, kann es aber auch deutlich länger dauern. Also hör auf das, was man dir sagt, dann bekommst du auch ganz schnell Erleichterungen. Ich habe den Eindruck, dass du ein vernünftiges Mädchen bist. Ich rufe jetzt die Schwester und sie bringt dich in dein Zimmer, okay?"

Wahrscheinlich saß ich da wie ein begossener Pudel. Aber was sollte ich machen?

Dir Tür ging auf und die Krankenschwester von vorhin lächelte mich an. "Na komm, Laura. Ich zeige dir dein Zimmer."

Ich nahm meine Sachen und folgte ihr. Als erstes kam eine große Tür, die sie aufschließen musste. Wahrscheinlich begann hier das Gefängnis – die geschlossene Abteilung.

Jetzt waren auch Stimmen von Kindern zu hören. Wir kamen an einem großen Raum vorbei, in dem mehrere Kinder am Tisch saßen und spielten oder malten. Dann kam ein Raum mit Stühlen und einem Fernseher. Danach gab es nur noch Türen. Vor der Tür Nummer 8 blieben wir stehen. Die Krankenschwester schloss auf und es offenbarte sich ein heller Raum. Er sah aus wie ein Krankenhauszimmer, war jedoch mit einem Teppich ausgelegt. Nur das Bett ähnelte den typischen Krankenhausmodellen. Es war aus Metall, hatte jedoch keine Räder und war normal hoch. Es stand mitten im Raum, berührte aber mit der Kopfseite die Wand. Die gürtelähnlichen Riemen, die an den Seiten herunterhingen, fielen mir auf. Zwei Schränke komplettierten die Ausstattung des

Zimmers, das, bis auf den grauen Teppich, weiß war. In einem abgetrennten, offenen kleinen Raum waren die Toilette und die Dusche untergebracht.

"Zieh dich schnell um. Ich stelle deine Sachen in den Schrank. Du darfst hier nichts Privates haben", erklärte sie mir beiläufig. "Ich habe hier ein Nachthemd für dich. Heute musst du im Zimmer bleiben. Doktor Braun klärt morgen mit dir, woran du teilnehmen darfst."

Das war der nächste Schreck. "Kann ich wenigstens etwas Papier und einen Stift haben? Ich muss mich doch irgendwie beschäftigen", bettelte ich.

Die Krankenschwester zögerte. "Na gut, aber verrate niemandem etwas, sonst bekommen wir beide Ärger. Du machst ja einen vernünftigen Eindruck. Aber jetzt zieh dich schnell um!", meinte sie verschwörerisch lächelnd.

Ich nahm meinen Block sowie einen Kugelschreiber aus meiner Schultasche und entkleidete mich. 'Langsam wird es wirklich lästig, sich vor jeder Person ausziehen zu müssen', dachte ich.

Die Krankenschwester hielt mir das Nachthemd hin und band in meinem Nacken eine Schleife. Es war hinten offen, so dass es dort etwas kalt wurde. Meine Sachen und die Schultasche stellte sie in den Schrank und schloss ihn ab. "Ich bringe dir rasch noch was zu essen vorbei." Mit diesen Worten verschwand sie. Vor Langeweile legte ich mich aufs Bett und wartete, aber es dauerte nicht lange, bis sie mit einem Tablett in der Hand wiederkam. "Ich habe dir auch noch ein Glas Kakao organisiert. Sonst gibt es hier immer nur Tee. Das Essen ist heute nicht so toll, aber es macht satt. Der Nachtdienst holt nachher das Geschirr ab", sagte sie und verließ mit traurig wirkendem Blick das Zimmer.

'Was für Geschirr?', dachte ich, als ich auf das Tablett sah. Eine Plastikschüssel mit einer undefinierbaren Suppe stand darauf, und ein Apfel lag zusätzlich auf einem Pappteller. Trotzdem aß ich und legte mich nach dem Essen aufs Bett.

Ich war tatsächlich eingedöst und wachte erschrocken auf, als ich hörte, wie draußen einige Türen klapperten. Kurz darauf ging auch meine auf. Ein Mann stand im Türrahmen und sah mich an. Das musste der Nachtpfleger sein.

"Hi, ich bin Hartmut. Ich hab heute Nachtdienst und hab gesehen, dass wir einen neuen Gast haben. Da wollte ich gleich mal nach dir sehen und mich vorstellen. Du bist also Laura?"

"Ja, bin ich", antwortete ich kurz. Hartmut war ungefähr Mitte vierzig und machte trotz seines weißen Kittels einen etwas ungepflegten Eindruck.

Plötzlich setzte er sich zu mir aufs Bett. "Bist ja echt 'ne Süße und eigentlich ganz nett. Brauchst du noch irgendwas?"

Noch bevor ich etwas antworten konnte, öffnete sich erneut die Tür. Mich traf der Schlag. Auch in einem weißen Kittel bekleidet, stand Petra in der Tür und grinste mich an. "Hallo, du kleine Nutte. Ich bin Petra, deine Nachtschwester", sagte sie süffisant.

Ich wollte aufspringen, doch Hartmut hielt mich sofort an meinen Armen fest. Und dann ging alles ganz schnell. So musste ich erfahren, welchen Zweck die Gurte am Bett hatten, denn in kürzester Zeit war ich mit Armen und Beinen am Gestell gefesselt. Als ich schreien wollte, hielt Hartmut mit seiner Hand meinen Mund zu. Er sah mich eindringlich an und sagte leise, aber sehr bestimmt: "Ich werd dir jetzt was erklären. Du weißt, wo du hier bist. Du kannst die ganze Nacht schreien. Das machen hier viele, und das interessiert keinen Menschen weit und breit. Du kannst auch erzählen, was du willst. Es wird dir niemand glauben. Mit allem, was du tust, schadest du dir nur selbst. Tu einfach das, was wir dir sagen, und du hast eine ruhige Zeit. Hast du mich verstanden?"

Petra stand am Ende meines Betts, grinste mich immer noch an und nickte mir zu. Das war ein Zeichen für mich, damit ich kapierte, ihnen *schutzlos* ausgeliefert zu sein.

"Ja", gab ich kleinlaut von mir. Was sollte ich machen?

Doch plötzlich bekam ich aus heiterem Himmel von Hartmut eine gescheuert. "Ich hab dich nicht verstanden. Was hast du gesagt?"

"Ja, ich habe verstanden." Die Tränen standen mir in den Augen.

"Hilfst du mir schnell noch mit ihr?", wandte er sich an Petra.

"Klar, übrigens nochmal Danke, dass du gestern für mich gestempelt hast. Damit ist die kleine Fotze bei den Bullen völlig unglaubwürdig geworden. Ist ja ein echt glücklicher Zufall, dass sie jetzt hier ist", lachte sie.

Sie hatten beim Fesseln Routine und mussten kein Wort miteinander wechseln. Innerhalb kürzester Zeit zogen sie die Gurte nach und schoben die an meinen Unterschenkeln befindlichen so weit nach oben, dass ich vollkommen breitbeinig dalag. Die Bettdecke war schon längst auf den Fußboden gefallen, aber das schien keinen der beiden zu stören. "Das Hemd", sagte Petra nur. Hartmut griff mir von hinten unter die Schultern und hob mich etwas an, während Petra die Schleife des Nachthemds öffnete. Dann ließ er mich wieder fallen und Petra öffnete den Gurt am Arm, um den Ärmel des Nachthemds abziehen zu können. Sie fesselte mich sofort wieder, und dann machte Hartmut auf der anderen Seite das gleiche. Jetzt lag ich völlig nackt und breitbeinig vor den beiden.

"Dann amüsiere dich schön mit ihr. Die wollte uns schließlich Stress machen. Ich mach jetzt erst mal weiter. Ich komm dann so gegen Mitternacht. Falls irgendwas ist, melde dich einfach." Mit diesen Worten verließ Petra das Zimmer.

Hartmut setzte sich entspannt auf die Bettkante und streichelte über meine Brüste. "Du hast dich also von deinem Vater ficken lassen?"

"Nein, ich hatte noch nie Sex. Das ist alles ein großer Irrtum. Ich bin noch Jungfrau."

Ein breites Grinsen machte sich auf seinem Gesicht breit. "Ehrlich? Dann hab ich 'ne Überraschung für dich. Ich arbeite seit 18 Jahren hier, und in der Zeit hat noch nie ein Mädchen diese Station als Jungfrau verlassen. Egal, ob fünf oder fünfzehn."

Die Ansage war deutlich. Ich war ihm ausgeliefert und konnte nur versuchen, das Beste aus meiner Situation zu machen. Wehren konnte ich mich nicht und so kam es, wie es kommen musste. Ich hatte wieder einen Finger in meiner Muschi.

"Du bist ja wirklich noch richtig schön eng, obwohl du schon zwölf bist. Du hast noch kein einziges Mal gefickt? Was ist denn bei dir falsch gelaufen? Aber du hast dich doch schon gefingert, oder?"

"Ja, hab ich", sagte ich leise.

"Hast du da auch an deinem Kitzler rumgefummelt und 'nen Orgasmus bekommen?"

"Ja, hab ich schon oft." Was sollte ich sonst sagen? Er würde mit mir sowieso machen, was er will, und außerdem wollte ich mich nicht wieder schlagen lassen.

"Bist ja echt 'ne kleine, geile Sau. Und siehst auch ganz

hübsch aus. Dann wollen wir doch mal schauen, wie geil du wirklich bist." Er stand auf und ging zu einem der verschlossenen Schränke. Er öffnete ein Fach und holte eine Schachtel heraus. Ich konnte nicht erkennen, was in ihr war. Er stellte sie auf meinen Nachttisch und nahm etwas heraus. Als er sich wieder zu mir aufs Bett setzte, hatte er eine Augenbinde und einen Plastikpimmel in der Hand. Er fing sofort an, mit dem Ding meinen Kitzler zu stimulieren. Mit den Fingern hätte er es nicht schlechter machen können. Dann drehte er oben an einem Ring. Der Plastikpimmel vibrierte. Er hielt ihn erneut an meinen Kitzler und es traf mich wie ein elektrischer Schlag. Ich zuckte am ganzen Körper.

Er lachte. "Sieh an, meine kleine Nutte reagiert. Dann wollen wir doch mal sehen, wie lange du durchhältst?" Er nahm die Augenbinde und legte sie mir an. Es wurde völlig schwarz. Dann begann er wieder, mit dem vibrierenden Pimmel an meinem Kitzler zu spielen. Obwohl ich in diesem Moment vergewaltigt wurde, konnte ich mich nicht gegen das Gefühl wehren. Da ich nichts sehen konnte, blieb mir nur, mich auf meinen Körper zu konzentrieren. Ich versuchte, dagegen anzukämpfen, aber das steigerte alles nur noch. Es dauerte nicht lange, bis mich ein Wahnsinnsorgasmus überkam. Ich zuckte am ganzen Körper, obwohl mich die Gurte behinderten und mir große Schmerzen bereiteten.

Er nahm mir die Augenbinde ab und lachte. "Na, du geiles Drecksstück. Das hat dir gefallen, was?"

"Ja, das war toll." Ich war zu dem Entschluss gekommen, ihm besser nicht zu widersprechen.

Seine Hand landete wieder an meiner Muschi. "Ich merk schon, wie gut dir das gefällt. Du bist ja richtig feucht geworden. Ich hoffe, du siehst, dass ich durchaus kompromissbereit bin. Also hör zu! Ich mach mit dir sowieso, was ich will. Aber du kannst auch noch jede Menge Prügel beziehen, wenn du es so haben willst. Wenn du kooperierst, wird es für dich angenehmer. Also, wie hättest du es gerne?"

"Ich mache alles, was du willst." Es war sehr demütigend, aber ich sah im Moment keine Alternative. Ich lag vollkommen nackt auf einem Bett gefesselt, Hartmut bediente sich an meinem Körper, wie er wollte, und das konnte noch ewig so weitergehen.

"Und du wurdest wirklich noch nie gefickt?"

"Nein, wirklich nicht. Und bitte – ich will auch nicht", flehte ich ihn an und ahnte bereits, was kommen könnte. Mein Bitten machte ihn scheinbar nur noch mehr an.

"Es wird dir gefallen. Glaub mir. Außerdem lass ich mir doch keine Jungfrau entgehen", lachte er beim Aufstehen. Er zog sich aus und stand nur noch mit seiner Unterhose vor mir. Es war deutlich zu sehen, dass er einen Steifen hatte. Dann zog er auch die aus, und sein riesiger Pimmel schnellte wie ein drohender Speer nach oben. Er stand waagerecht von ihm ab. Da ich an den Unterarmen gefesselt war, hatte ich meine Hände frei. Hartmut legte mir seinen Pimmel in die Hand. "Komm, fass mal richtig rum. Ist er dir hart und groß genug?" Das Ding fühlte sich an wie Beton und war fast schon heiß. Er streichelte über meine Brüste und die Nippel wurden etwas hart. Ich konnte nichts dagegen tun. "Na siehst du. Ich wusste doch, dass dir das gefällt." Dann schwang er sich in mein Bett und beugte sich über mich. Mit einer Hand stützte er sich ab und mit der anderen fing er an, seinen Pimmel an meiner Muschi zu positionieren. Er fand schnell die Stelle, wo er hinwollte. Er drang in mich ein. Es ging ganz einfach. Vielleicht lag es daran, weil ich nach dem Orgasmus noch feucht war. Er fing an, sich zu bewegen. Erst nur ganz wenig, dann immer mehr. Ich wartete auf die Schmerzen, die sein großes Ding mir unweigerlich bereiten mussten, aber sie blieben aus. Dann stützte er sich plötzlich mit beiden Händen auf. Seine Bewegungen wurden gleichmäßig und er drang immer tiefer in mich ein. Er kam an eine Stelle, an der es kurz wehtat, aber trotzdem machte er unbeirrt weiter.

So hatte ich mir meinen ersten Sex nicht vorgestellt. Als Mama noch lebte, war ich oft bei Franziska, meiner besten Freundin, und schlief manchmal auch dort. Unsere Eltern kannten sich, und ich hatte zu ihnen ein gutes Verhältnis. An einem Wochenende war ich wieder dort. Wir saßen gerade zusammen, als uns einfiel, einen bestimmten Film sehen zu wollen. Franziska und ihre Mutter zogen sich an, um ihn aus der Videothek zu holen. Deshalb war ich mit Micha, ihrem Vater, allein. Er saß auf dem Sofa und ich hatte mich bei ihm angekuschelt. Mein Kopf lag auf seinem Schoß. Ich weiß nicht mehr warum, aber ich hatte nur einen Bademantel an. Michas Hand lag auf meinem Hintern. Er streichelte mich. Das war normal und so lagen wir auch schon, bevor die beiden gegangen waren. Plötzlich schob er meinen Bademantel etwas zur Seite und strich mit seiner Hand über meinen nackten Po. Das fühlte sich gut an. Doch noch besser war das, was dann kam. Seine Hand glitt etwas nach unten und ich weiß noch, wie ich meine Schenkel etwas geöffnet hatte, damit er besser herankam. Vorsichtig gelangten seine Finger an meine Muschi und er streichelte mich dort ganz sanft. Das war schön. Ein bisschen steckte er seinen Finger hinein, weil ich ganz feucht geworden war. Er fragte mich, ob ich mit ihm schlafen würde. Fast hätte ich es getan, aber ich war damals erst neun und wagte es noch nicht. Später ärgerte ich mich, weil ich so feige war. Ich hatte natürlich auch mitbekommen, dass sein Pimmel hart geworden war, denn schließlich lag mein Kopf dort. Aber dann traute ich mich, ihn wenigstens vorsichtig mit einer Hand durch seine Unterhose zu streicheln. Viel zu schnell kamen Franziska und ihre Mutter zurück. Als zu hören war, wie das Auto auf den Hof fuhr, schob Micha mich sanft zur Seite und meinte nur, er müsse dringend auf die Toilette. Im Moment stellte ich mir vor, dass es Micha war, der mich fickte.

Hartmuts Bewegungen wurden schneller und dann erstarrte er, fing an zu stöhnen und zu zucken. In meinem Bauch wurde es warm. Erschöpft ließ er sich erst auf mich fallen, dann legte er seinen Oberkörper etwas seitlich, und sein Kopf ruhte auf meiner Schulter. Wie mechanisch streichelte er über meine freie Brust. "Du bist richtig geil und schön eng. Wir werden viel Spaß miteinander haben. Du bist ja mindestens drei Monate hier. Hat es dir wehgetan?"

"Ein bisschen."

"Dürfte das Jungfernhäutchen gewesen sein, aber jetzt bist du ja eine richtige Frau, und dazu habe ich dich gemacht. Den ersten vergisst man nie. In den nächsten Monaten werde ich dich zu meiner Sklavin machen", meinte er ganz entspannt. Sein Pimmel steckte immer noch in mir drin, und ich spürte deutlich, wie er sich mit seinem Unterkörper leicht bewegte. Als er sich nach einer Ewigkeit endlich hochstemmte, zog er ihn mit heraus.

Hartmut saß zwischen meinen Beinen und grinste. "Du warst tatsächlich ehrlich und noch 'ne Jungfrau." Er strich mit der Hand über das Laken und obwohl ich nicht sah, was er machte, konnte ich es mir denken. Dann legte er sich wieder auf mich. Seinen wieder harten Pimmel steckte er mit einem Ruck in meine Muschi. Ganz langsam begann er erneut mit seinen Bewegungen. "Jetzt werd ich dir von meinem Plan erzählen", flüsterte er mir dabei ins Ohr. "Mein Rekord liegt bei sechs Mal. Sooft hab ich in 'nem Mädchen in einer Nacht abgespritzt. Ich glaube, das könnte ich mit dir auch schaffen. Aber ich muss ehrlich sein, die andere hatte einen Vorteil, sie war erst sieben."

Während er seine rhythmischen Bewegungen in mir fortsetzte, ging mir durch den Kopf, was das bedeuten könnte. Das Gericht hatte beschlossen, mich wenigstens für drei Monate hierzubehalten. Mein Aufenthalt könnte aber auch länger dauern, und ich konnte nur erahnen, was mich erwartete. Es gab schließlich noch mehr Personal. Wie konnte ich mich wehren? Mir war deutlich zu verstehen gegeben worden, dass mir niemand glaubt, und genau deshalb war ich hier gelandet. Musste ich mich in den nächsten Monaten täglich vergewaltigen lassen? Wie sollte ich das durchhalten?

Unablässig machte Hartmut weiter und stieß wieder schneller zu. Ich hoffte, dass es gleich so weit wäre und er seinen Samen abspritzte. Das heftige Zucken ließ endlich nach und seine Umklammerung löste sich etwas. Wieder spürte ich das warme Gefühl in meinem Bauch. "Oh, du kleine Schlampe. Deine Fotze ist richtig schön eng", sagte er und hob seinen Kopf. Er sah mir in die Augen und meinte: "Wir haben auf der Station einen Jungen, der 15 ist und jeden Tag seine kleine Schwester vergewaltigt hat, seit sie vier ist. Deswegen is' er auch hier. Den bring ich dir morgen mit. Dann können wir auch 'n paar schöne Fotos und Videos von euch machen. Die Fans im Internet warten schon auf was Neues." Er lachte.

Der Alptraum wurde immer schlimmer. Allein dass er mich als seine Sexsklavin betrachtete, war kaum zu ertragen. Mir aber freudestrahlend zu erzählen, wer sich noch alles an meinem Körper vergreifen würde, sprengte meine Vorstellungen. Die Aussicht, dabei auch noch gefilmt zu werden, machte es noch unerträglicher.

Endlich erhob er sich und setzte sich wieder zwischen meine Beine. "Sieht echt geil aus, wenn mein Saft aus deinem Loch läuft", lächelte er mich an und verrieb das Zeug an meiner Muschi. Er schien es zu genießen, denn er ließ sich reichlich Zeit dafür. Dann schwang er sich über meine Beine und hockte über meiner Brust. Ich bekam seinen Pimmel fast ins Gesicht. "Jetzt hat die Verschwendung ein Ende. Los! Mach den Mund auf!" Ich sollte seinen Pimmel in den Mund nehmen, wie die Kinder auf dem Video gestern bei Simone.

"Das ist eklig. Ich will nicht", flehte ich und bekam dafür Schläge.

"Soll ich weitermachen?"

Ich glaube, es wäre egal gewesen, was ich antwortete. Ich machte meinen Mund auf und er rückte etwas weiter nach vorn. Als ich seinen Pimmel im Mund hatte, war ich kurz versucht zuzubeißen, aber dann hätte er mich wahrscheinlich erschlagen.

"Du kannst doch, wenn du willst. Aber wenn du auf Schläge stehst, musst du es nur sagen."

Da ich nicht antworten konnte, schüttelte ich nur leicht mit dem Kopf und passte auf, dabei seinen Pimmel im Mund zu behalten. Ich wollte nicht, dass er wieder zuschlägt.

"Und du hattest noch nie einen Schwanz im Mund?"

Erneut verneinte ich kopfschüttelnd.

"Dann press die Lippen schön zusammen und spiel mit deiner Zunge an meiner Kuppe." Er begann, das Becken zu bewegen und sein Ding wie beim Ficken in meinen Mund zu stoßen. So ging das einige Minuten, und ich tat alles, damit es ihm gefällt. Bloß keine Schläge mehr. "Gut machst du das. Bist du dir sicher, noch nie einen Schwanz gelutscht zu haben? Lüg mich nicht an!"

Ich nickte leicht und gab mir große Mühe, mich seinen Bewegungen anzupassen.

"Wenn ich gleich abspritze, dann schluckst du jeden einzelnen Tropfen. Wenn was danebengeht, dann gibt es Schläge. Hast du mich verstanden?"

Wieder nickte ich. Jetzt wusste ich, was mich erwartete. Es war schon schlimm genug, dass er mir sein Ding in den Mund steckte, aber jetzt sollte ich auch noch sein Zeug runterschlucken. Was musste ich mir noch gefallen lassen? An seinen Zuckungen merkte ich bereits, dass er jeden Moment einen weiteren Orgasmus haben würde, und schon schmeckte ich sein Zeug. Es fühlte sich klebrig und glitschig an. Ich schluckte ganz schnell, um es aus meinem Mund und die Situation hinter mich zu bekommen, aber es kam immer noch was aus ihm raus.

Dann war es endlich vorbei und Hartmut erschöpft. Sein Körper entspannte so sehr, dass er mit seinem ganzen Gewicht auf meinen Brustkorb drückte und der Pimmel aus meinem Mund rutschte.

"Ich bekomme keine Luft", japste ich gequält.

"Hör auf zu meckern und mach deinen Mund ganz weit auf." Er kontrollierte, ob ich wirklich alles geschluckt hatte. "Jetzt leck meinen Schwanz ordentlich sauber! Mach es so, als würdest du an einem Eis lecken."

Er hielt mir sein Ding direkt vor den Mund, so dass ich bequem herankam. Ich hatte das Gefühl, sein Pimmel fühlte sich anfangs etwas weicher an, aber er wurde schnell wieder hart.

"Ja, das fühlt sich gut an. Du leckst wie ein Profi. Ich verspreche dir, dass du das jeden Abend machen darfst. Freust du dich?"

Das konnte er nicht ernst meinen, trotzdem nickte ich.

Dann legte er sich wieder zwischen meine Beine und steckte seinen Pimmel in meine Muschi. Er begann mit seinen regelmäßigen Bewegungen und meinte plötzlich: "Dreh deinen Kopf zu mir! Ich möchte dir in die Augen sehen."

Das tat ich. Während er langsam weitermachte, fummelte er über meine freie Brust und ich merkte, wie sie wieder fester wurde.

"Du hast heute zum ersten Mal gefickt und geblasen und beides hast du gut gemacht. Kannst stolz auf dich sein. Das kann wirklich nicht jedes Mädchen von sich behaupten. Deine kleine Fotze ist schön eng und da könnte ich pausenlos reinspritzen." Dann stützte er sich über mich und begann erneut, mich richtig hart zu ficken.

Was sollte das eben, fragte ich mich. Wollte er mich loben? Dafür, dass ich mich nicht wehren kann, ihm ausgeliefert bin und einfach nicht mehr geschlagen werden will? Ich habe ihn heute zum ersten Mal gesehen und seitdem werde ich ununterbrochen vergewaltigt. Er hat recht, er wird den Rest meines Lebens mein Erster bleiben. Aber ich werde ihn nicht in guter Erinnerung behalten oder gar dankbar sein, von ihm nicht mehr geschlagen worden zu sein, seit ich seinen widerlichen Pimmel in den Mund nehmen musste.

Unvermittelt öffnete sich die Zimmertür. "Oh, ihr Zwei seid beschäftigt", lachte Petra. "Lasst euch nicht stören. Ich guck nur ein bisschen zu." Sie nahm sich den Stuhl und setzte sich ans Bett.

Das konnte nur ein Alptraum sein. Ich wurde bereits vor Stunden ans Bett gefesselt und jetzt setzte sie sich gemütlich dazu und schien die Show zu genießen. "Oh ja, gleich komm ich wieder", stöhnte mein Vergewaltiger und zum dritten Mal spritzte er seinen Samen in mich. Diesmal stand er fast unmittelbar danach auf und setzte sich auf die Bettkante. Auf die andere setzte sich Petra. Sie griff mir sofort zwischen die Beine. "Die kleine Nutte ist ja richtig nass. Wie oft bist du denn schon gekommen?", fragte sie neugierig.

"Dreimal in ihrer Fotze und einmal im Mund. Sie war tatsächlich noch Jungfrau." Hartmut legte seine Hand auf meine Brust und tätschelte sie mechanisch. Es war unfassbar. Sie unterhielten sich entspannt wie zwei alte Herrschaften beim Kaffeekränzchen, als sie mich weiter missbrauchten. Es war irgendwie so, als wäre ich für sie nur Luft.

"Den Kevin habe ich zu Marie gelassen. Du weißt ja, die kleine Siebenjährige, die seit zwei Tagen hier ist", führte Petra das Gespräch weiter.

Hartmut lachte. "Ich weiß, wer sie ist. Mit der hab ich mich die letzten beiden Nächte gut amüsiert. Für Kevin ist die genau richtig. Wir müssen doch dafür sorgen, dass er seine kleine Schwester nicht so sehr vermisst. Wir haben schließlich auch 'ne Fürsorgepflicht."

Beide lachten, während sie noch immer an mir rumfummelten.

"Ich hab unser' kleinen Nutte hier schon erzählt, dass ich morgen Kevin mitbringe. Dann hab ich auch die Kamera dabei. Gibt bestimmt schöne Bilder und Videos für unsere Kunden. Das Netz ist wirklich 'ne gute Einnahmequelle."

"Vielleicht sollten wir auch ein paar Fotos an ihre Schule schicken. Wenn sie später wieder dort ist, hat die garantiert jeder auf dem Handy", schlug Petra vor. Dann meinte sie: "Wir sollten auch ein paar gute Fotos machen, wenn du sie fickst und dir einen blasen lässt. Die können wir dann an die Bullen schicken. Solange man auf den Fotos nur einen Schwanz sieht, kann niemand erkennen, ob das ihr Vater oder jemand anderes ist."

"Geniale Idee. Dann verlängert das Gericht ihren Aufenthalt automatisch", lobte Hartmut Petra. "Manchmal bist du wirklich teuflisch. Komm, lass sie uns abschnallen, damit du auch noch was von ihr hast. Ich kenn dich lange genug, um zu wissen, dass du dir von ihr deine Fotze lecken lassen willst."

Im ersten Moment dachte ich, mich verhört zu haben. Nicht schon wieder das. Bei Simone war es eklig und widerlich, und es würde bei Petra nicht anders sein. Ich hatte keine Wahl, wurde aber wenigstens die Fesseln los.

"Los! Steh auf!", herrschte mich Hartmut an und fasste mich an einer Hand.

Arme und Beine taten mir höllisch weh. Ich konnte mich kaum bewegen. Erst ein kurzes "Aua" von mir, als ich die Füße auf den Boden setzte, veranlasste Hartmut dazu, mir zu helfen. Er hockte sich vor mir hin und nahm mich in den Arm, so dass ich mich mit meinen Händen auf seinen Schultern abstützen konnte, um meine Beine ein wenig zu entlasten. Die Hand, welche dabei auf meinem Hintern landete, störte mich schon gar nicht mehr. "Danke", meinte ich momentan wirklich ehrlich.

"Was machst du da eigentlich?", schnauzte Petra Hartmut an. Sie saß inzwischen breitbeinig auf dem Bett. "Die Schlampe soll endlich meine Fotze lecken. Ist doch egal, ob sie Schmerzen hat. Die wollte Mone und mich bei den Bullen anscheißen. Der zeig ich's sowieso noch", bellte sie regelrecht.

"Na los, komm! Knie dich hin und zeig ihr, wie gut du lecken kannst." Hartmut zog mich auf den Boden und platzierte mich so, dass ich auf allen Vieren zwischen ihren Beinen kniete. Petra zog meinen Kopf zwischen ihre Schenkel. Ich fügte mich und begann, mit meiner Zunge ihre Muschi zu

146

lecken. Hartmut drückte mich von hinten etwas und zog meine Beine auseinander. Das war deutlich bequemer. Dann fing er an, meinen Hintern zu streicheln, während ich mich darauf konzentrierte, Petra zu lecken. Allerdings hatte ich mich getäuscht, denn Hartmut tat das nicht, um es mir angenehmer zu machen, sondern nur, um mich besser ficken zu können. Ich spürte, wie sich sein Pimmel erneut in meine Muschi schob. Mit den Händen griff er fest an meinen Po. Jetzt waren beide am Stöhnen. "Ja, du geile Sau" und "Mach schneller, du kleine Nutte", konnte ich vernehmen. Es kam von beiden. Sie kamen fast gleichzeitig zum Orgasmus. Während Petra meinen Kopf zwischen ihre Beine presste und ich erneut nach Luft ringen musste, krallte sich Hartmut förmlich an meine Pobacken, als das unkontrollierte Zucken begann.

Endlich ließen beide erschöpft von mir ab. Hartmuts Pimmel rutschte aus meiner Muschi, als er sich nach hinten auf den Boden fallen ließ. Petra kam zuerst wieder hoch. "Ach, sieh an. Da hast du ja Glück, du kleine Schlampe. Hartmut liegt gerade richtig, damit du ihn gleich reiten kannst."

Ich hatte keine Ahnung, was sie meinte, aber ahnte, es gleich erfahren zu müssen. So kam es auch. Sie stand auf und zog mich hoch. Als ich stand, befahl sie mir, mich breitbeinig über sein Becken zu stellen. "Jetzt gehst du langsam runter, nimmst seinen Schwanz und schiebst ihn dir in deine Fotze. Und zwar so weit, wie es geht. Dann bewegst du dich schön rauf und runter. Einfach den ganzen Abend daliegen und sich nur faul ficken lassen is' nicht. Hartmut muss auch mal entspannen und da is' es nur gerecht, dass du auch mal was machst."

'Gerecht? Einfach nur faul daliegen und mich ficken lassen? Ich bin nicht aus Spaß hier, sondern werde seit etlichen

Stunden vergewaltigt', dachte ich, aber war nicht erpicht darauf, wieder Schläge zu bekommen. Also ließ ich mich langsam nieder bis ich seinen Pimmel zu fassen bekam. Ich steckte ihn in meine Muschi und spürte, wie er immer tiefer reinrutschte. Obwohl es nicht mehr weiterging, steckte er tiefer in mir drin als bei den anderen Malen.

"Du machst das toll." Hartmut strahlte übers ganze Gesicht. Sein Spielzeug, nämlich ich, funktionierte. "Bleib mal so sitzen und beweg nur deinen Hintern", wies er mich an. Ich tat, was er wollte. "Wow, deine kleine Fotze ist so eng und geil. Mach weiter! Du machst das phantastisch."

Eigentlich hatte ich nicht die Absicht, ihm zu gefallen. Aber Petra stand neben uns und sah genau zu. Vor ihr hatte ich viel mehr Angst.

Hartmut legte seine Hände auf meine Oberschenkel. "So, Kleines. Du bewegst dich jetzt ein bisschen vor und stützt dich mit deinen Handflächen auf meinem Brustkorb ab. Dann fängst du an, dich zu ficken und bewegst deinen geilen Arsch immer schön hoch und runter. Und pass auf, dass mein Schwanz immer schön in deiner Fotze bleibt. Halt die Arme so, dass ich deine kleinen Titten gut streicheln kann!"

Ich tat, was er wollte.

"Das macht die kleine Drecksau richtig gut. Hat schon was, wenn man genau sehen kann, wie dein Schwanz in ihrer Fotze versinkt. Macht mal schön weiter. Ich geh in der Zwischenzeit mal nach Kevin und seiner kleinen Freundin sehen. Muss doch kontrollieren, ob er sie auch ordentlich rannimmt. Bei der Gelegenheit kann er mir auch gleich helfen, damit sie lernt, mich richtig zu lecken. Ich schließ zu, aber abhauen kann sie ja sowieso nicht." Damit stand Petra auf und verschwand.

Obwohl ich nicht mehr gefesselt war und oben saß hätte ich keine Kraft mehr gehabt, um zu flüchten. Ich machte apathisch weiter, zumal ich auch Angst vor weiteren Schlägen hatte.

"Gut so, meine Kleine. Es ist geil, wenn ich sehen kann, wie du dir meinen Schwanz in deine Fotze schiebst. Morgen machen wir das Video und dann kannst du auch endlich richtig gut sehen, wie mein Schwanz in deinem Loch verschwindet."

Er war wieder kurz vor dem nächsten Orgasmus und deshalb bewegte ich mich schneller, bis das Unvermeidliche kam. Sein Samen spritzte wieder in meinen Bauch. Trotzdem machte ich stoisch weiter, denn er hatte mir noch nicht gesagt, dass ich aufhören sollte.

"Genug, ich kann nicht mehr. Du bist ja echt gut darin, mich zu melken", lachte er mich erschöpft an, und ich blieb, mit seinem Pimmel in mir, auf ihm sitzen. "Du bist sensationell. Stell dich hin, ich will sehen, wie mein Saft aus deiner Fotze läuft."

Ich stand auf und er hielt mich an den Fußgelenken fest. Ich konnte spüren, wie mir sein Samen langsam am Oberschenkel herablief. Eigentlich wollte ich ihn mit meiner Hand wegwischen, aber er hielt mich sofort davon ab.

"Warte, ich will den Anblick genießen!"

"Ich möchte mich waschen und aufs Klo. Bitte", bettelte ich. Mein Gesicht war noch immer von Petra verschmiert und Hartmuts Zeug klebte mir am Oberschenkel.

"Okay. Es ist leider schon Halbzeit. Spätestens um halb fünf müssen wir aufhören. Bis zum Schichtwechsel muss noch einiges vorbereitet werden. Aber ich komm mit."

Natürlich musste ich zuerst aufstehen. Kaum saß ich auf dem Klo, hatte ich auch schon seinen Pimmel im Mund.

"Keine Angst, ich spritz dir jetzt nicht in den Mund. Jetzt brauchst du ihn nur sauberlecken, damit er wieder ordentlich ist. Du möchtest doch keinen dreckigen Schwanz in deiner süßen kleinen Fotze haben, oder?"

Ich glaubte, er wollte mich so weit bringen, dass ich nicht mehr nur vergewaltigt, sondern sogar von ihm voller Lust gefickt werden wollte. Wie sonst kam er auf die Idee, mir zu erzählen, wir müssten um halb fünf aufhören und ich möchte einen sauberen Pimmel haben? Aber ich musste mich auf sein Spiel einlassen. Als ich fertig war, trat er von allein zurück, so dass ich endlich aufstehen und spülen konnte.

"Komm, ich helfe dir beim Waschen. Dann geht's schneller. Du wäschst dir dein Gesicht und befreist dich von Petras Saft und ich wasch deine Fotze und die Oberschenkel."

Wie hätte es auch anders sein sollen? Aber darüber machte ich mir gerade keine Gedanken. Ich seifte meine Hände ein. Es war eine Befreiung, Petras klebriges Zeug abwaschen zu können. Dass sich Hartmut währenddessen an meiner Muschi erfreute, war mir mittlerweile völlig egal. Trotzdem fühlte ich mich wesentlich besser.

Nachdem das Waschen beendet war, lächelte Hartmut mich an und sagte, ich sollte ihm folgen. Es setzte sich aufs Bett und ich musste mich auf seinen Oberschenkel setzen. Mit einer Hand stützte der meinen Rücken, mit der anderen spielte er an meiner Brust. "Hör zu, Kleines. Wir werden uns noch ein paar schöne Stunden machen. Ich muss zugeben, dass du mich süchtig machst. Du bist einfach so geil, ich kann gar nicht anders, als dich ständig zu ficken."

Es klang fast wie eine Entschuldigung, aber das machte es kein bisschen besser. Allerdings keimte die Hoffnung in mir auf, keine Schläge mehr zu bekommen. Die Vergewaltigungen waren schon schlimm genug, warum sollte ich mich also noch schlagen lassen? Ob ich wollte oder nicht, ich musste mich auf seine Forderungen einlassen. Deshalb machte ich gute Miene zu seinem bösen Spiel. "Okay, was soll ich als nächstes machen?"

"Leg dich im Bett auf den Bauch", befahl er.

Ich tat was er wollte und erlaubte mir nicht, etwas zu sagen, als er mich wieder an den Armen und Beinen fesselte. Ich wollte keine Schläge mehr ertragen müssen. Kaum hatte er mich erneut fixiert, lag er auch schon auf mir. Ohne lange zu zögern drang er von hinten in mich ein.

"Oh, du kleine Nutte. Du bist echt geil." Gleichmäßig bewegte er sich in mir, als er plötzlich seinen Arm um meinen Hals legte. "Du geiles Dreckstück. Ich werde dich in den nächsten Monaten oft vögeln." Seine Stimme klang irgendwie wahnsinnig, als er das sagte, aber scheinbar näherte er sich seinem nächsten Orgasmus.

"Hör auf! Ich bekomme keine Luft mehr", japste ich, doch er machte unbeirrt weiter. "Hör auf! Nimm deinen Arm weg!", flehte ich, aber das schien ihn nur noch mehr zu erregen. Er legte seinen Arm noch fester um meinen Hals. Musste ich jetzt sterben? Dann spürte ich endlich zum x-ten Mal seinen Samen in mir und anschließend lockerte sich sein Griff. Ich hechelte nach Luft.

"Hat dich das geil gemacht, als du keine Luft mehr bekommen hast?"

Ich war fassungslos. "Spinnst du? Du hast mich fast erwürgt", krächzte ich.

"Schade. Es gibt viele Mädchen, die darauf stehen." Seiner Stimme war eine gewisse Enttäuschung anzuhören.

"Du bist doch nicht normal. Erst vergewaltigst du mich stundenlang und dann findest du es merkwürdig, dass ich nicht darauf stehe, fast erwürgt zu werden? Geht's noch?"

"Du bist so geil, wenn du wütend bist. Seit Jahren nehme ich mir jedes Mädchen, das hierherkommt, und das Gericht schickt reichlich Nachschub. Die Jugendämter sind völlig überlastet und keiner will Verantwortung übernehmen. Aber egal. Am liebsten sind mir immer die Jüngsten gewesen. Es hat eine Weile gedauert, bis ich es mir eingestanden habe, aber ich bin der klassische Pädophile. Am geilsten ist es, wenn sie sich wehren und schreien. Das macht mich richtig wild."

Warum erzählte er mir das alles? Worauf wollte der gestörte Typ hinaus? Ich konnte mich nicht wehren und musste die Gewalt, den Schmerz und die Demütigungen ertragen. Er nahm sich sowieso was er wollte. Genau in diesem Augenblick fing er wieder an, mich zu vergewaltigen. Doch bereits nach kurzer Zeit zog er seinen Pimmel aus mir raus und rieb ihn an meiner Spalte rauf und runter. Dann ging plötzlich alles ganz schnell. Unverhofft stieß er zu und ein höllischer Schmerz zog durch meinen ganzen Körper. Noch nie hatte mir etwas so wehgetan. Ich brach augenblicklich in Tränen aus. Er hatte mit einem einzigen Stoß seinen Pimmel in meinen Hintern gerammt und sofort angefangen, mich zu penetrieren. Es war unerträglich. "Hör sofort damit auf! Zieh ihn raus. Bitte. Du tust mir so weh", heulte ich und versuchte, mich wegzudrehen. Aber ich war gefesselt und hatte keine Chance. "Bitte hör auf! Das tut wahnsinnig weh."

"Spinnst du?", stöhnte er. "Dein Arsch ist ja noch enger und noch geiler, als deine süße Fotze."

Er machte einfach weiter, obwohl die Schmerzen für mich unerträglich wurden. Das Kissen, in welchem mein Gesicht lag, war schon nass von den Tränen. Die Hölle konnte nicht schlimmer sein. Dann wurde er schneller und das steigerte meine Pein ins Unermessliche. Ich wusste inzwischen, er musste jeden Moment fertig werden. Mit seinen Händen auf meinen Schultern packte er zu, aber das spürte ich nicht mehr. Ich heulte ins Kissen, als er endlich erschöpft auf mir liegen blieb. "Warum musst du mich so quälen? Reicht dir meine Fotze nicht? Reicht es dir nicht, dass du mir in den Mund spritzen kannst sooft du willst?", heulte ich weiter.

"Soll ich dich nochmal ficken?", fragte er.

Ich konnte nicht glauben, was er gerade gefragt hatte und schüttelte hilflos mit dem Kopf. "Spinnst du? Ich wäre froh, wenn ich mal aufstehen könnte. Mein ganzer Unterleib brennt. Geh von mir runter und mach endlich Schluss! Selbst wenn ich wöllte, könnte ich nicht mehr", flehte ich.

Er erhob sich und setzte sich auf die Bettkante. "Entschuldige", war das Einzige, was er in dem Augenblick sagte. Es war eine völlig surreale Situation. Ich hatte meinem Vergewaltiger angefleht und auf einmal entschuldigte er sich kleinlaut bei mir.

"Schnall mich ab! Bitte", bettelte ich.

Er tat es tatsächlich, nachdem er aufgestanden war.

"Hilf mir hoch!", sagte ich leise, denn ich schaffte es nicht mehr, allein aufzustehen. Die Schmerzen beherrschten noch immer meinen ganzen Körper. Offensichtlich hatte sich Hartmut selbst erschrocken, als er mich so liegen sah. Er half mir beim Aufstehen und brachte mich zur Toilette. Und das, ohne sich erneut an mir zu vergreifen.

Nachdem er mich aufs WC gesetzt hatte, ging er zurück und schloss einen der Schränke auf. Ich konnte erst nicht sehen, was er tat, aber als er dann zum Bett lief, bekam ich mit, wie er das Laken abzog. Dabei konnte ich das Blut auf dem weißen Stoff erkennen. Es war zu viel, um nur von meiner Entjungferung zu stammen. Er zog sich an, nahm das alte Laken und verließ wortlos den Raum. Deutlich konnte ich hören, dass er die Tür verschloss. Er hatte mich zurückgelassen wie Abfall.

Während ich auf der Toilette saß, versuchte ich, das Erlebte zu verarbeiten. Das half mir etwas, um mich von den Schmerzen abzulenken. Mir wurde klar, dass dieser Wahnsinnige mit mir machen konnte, was er wollte. "Wenn er in der nächsten Nachtschicht die Fotos und Videos macht, wäre ich ihm noch mehr ausgeliefert. Er wird mich damit erpressen und dafür sorgen, dass ich hierbleiben muss. Mit seinem Schwanz in meinem Mund oder in meiner Fotze prüft kein Mensch, zu wem der Pimmel gehört. Oh mein Gott, jetzt rede ich auch schon so. Dann kommt Papa ins Gefängnis und ich muss noch länger hierbleiben. Damit erreicht dieses perverse Schwein genau das, was er will. Und die Videos mit diesem Kevin gehen auch ins Netz. Warum sollte er auf das Geld verzichten, das ihm dafür gezahlt wird. Jeder in der Schule wird denken, ich habe das alles freiwillig gemacht. Diese Scheißbullen und die Tussi vom Jugendamt glauben mir sowieso kein Wort. Was soll ich nur machen?", murmelte ich verzweifelt und bemerkte dabei nicht, wie viel Zeit vergangen war. Aber wenigstens hatten die Schmerzen etwas nachgelassen und am Toilettenpapier war kein Blut mehr.

Ich holte das Schreibzeug, das mir die freundliche Krankenschwester gegeben hatte, aus dem Nachttisch, legte mich aufs Bett und fing an zu schreiben.

"Danke an alle und danke für eure Hilfe.

Danke, lieber Nachbar, dass du in deiner grenzenlosen Neugier und mit deinem

Geltungsbedürfnis nichts Besseres zu tun hattet, als meinen Vater und mich zu diffamieren und jetzt wahrscheinlich auch noch denkst, dass es richtig war, was du getan hast.

Danke liebe Polizei, dass ihr meinen Papa sofort verhaftet habt, ohne auch nur einmal vorher mit mir zu sprechen. Ihr habt euren Job nicht gemacht. Ich bin zwar nur ein Kind, aber ich habe in der Schule gelernt, dass ihr eigentlich ermitteln sollt.
Danke, liebes Jugendamt, ihr habt dafür gesorgt, dass ich innerhalb von zwei Tagen mehr als zehn Mal vergewaltigt wurde. Am schlimmsten ist für mich, dass auch Frauen dabei waren.

Ich danke auch dir, liebes Gericht. Ohne mich jemals gesehen zu haben, hat jemand seine grenzenlose Macht missbraucht und beschlossen, mich schutzlos diesen Monstern in der Klapse auszuliefern. Ihr habt mich dadurch meiner Unschuld beraubt und zur

Eine Zeitungsmeldung aus dem Morgenkurier, Seite 12, zwei Tage später.

ERNEUTER SUIZID IN DER JUGENDPSYCHIATRIE
Gestern früh wurde in der Kinder- und Jugendpsychiatrie die zwölfjährige Laura P. tot aufgefunden. Es war in diesem Jahr bereits der vierte Fall in der Einrichtung. Nach Polizeiangaben hat sich das Mädchen mit der Klammer eines Kugelschreibers die Pulsadern aufgeschlitzt. Ein Abschiedsbrief wurde nicht gefunden. Die Klinikleitung erklärte, der Impuls zur plötzlichen Selbsttötung des völlig traumatisierten und verzweifelten Mädchens sei höchstwahrscheinlich durch den jahreslangen, sexuellen Missbrauch des eigenen Vaters ausgelöst worden. Der Mann wurde bereits festgenommen und sitzt in Untersuchungshaft.

Die Kehrseite der Medaille

Heute ist Besuchstag. Ich freue mich, meinen kleinen Bruder wiederzusehen. Sein Name ist Tom. Er ist vier Jahre jünger als ich. Unser Treffen führt mich direkt in die Jugendstrafanstalt. Tom wollte dorthin. Offensichtlich war seine Entscheidung richtig, denn ich habe ihn seit Jahren nicht so glücklich gesehen.

Aber von vorn. Wir sind in einer Kreisstadt in den neuen Bundesländern aufgewachsen. Meine Mutter, Mei-Li, kommt aus Südkorea, mein Vater, Jérôme aus Frankreich. Beide sind Pianisten und haben sich an der Semperoper in Dresden kennengelernt. Es soll Liebe auf den ersten Blick gewesen sein, und so dauerte es nicht lange, bis ich das Licht der Welt erblickte. Um aber gleich alle Vorurteile auszuräumen: Die meisten Pianisten leben auch nur in gepflegter Armut. So wohnen wir bis heute in einem ganz normalen Miethaus – einem Altbau. Wenn beide Eltern Pianisten sind, dann ist die unausweichliche Konsequenz nur eine: der Flügel ist nicht nur Blickpunkt des Wohnzimmers, sondern der Dreh- und Angelpunkt des Lebens. Übrigens mussten meine Eltern bald feststellen, die Benutzung eines solchen Instruments ist nicht förderlich für gutnachbarschaftliche Beziehungen. Doch immerhin wurden die Vermittlungsquoten durch den Agenten immer besser, so dass Papa allein für die Familie sorgen konnte. Mama setzte mich natürlich an den Flügel, bevor ich richtig laufen konnte. Aber das war vergebliche Liebesmüh. Nach meinem Abitur habe ich ein Studium in Elektrotechnik begonnen. Nicht gerade zur Freude unserer Eltern.

Eines Tages erklärten mir die beiden, dass ich bald ein Brüderchen bekäme. So hat man es mir jedenfalls erzählt, daran erinnern kann ich mich nämlich nicht. Jedoch weiß ich noch, wie Tom auf dem Flügel anfing herumzuklimpern, als ich in die Schule kam. Damals war er erst zwei. Das Instrument schien ihn – zur großen Freude meiner Eltern – zu faszinieren. Unsere Mutter spielte ihm oft etwas vor. Wie hypnotisiert saß er neben ihr und schaute zu. Ich hörte meinen Eltern auch gern zu, wenn sie spielten. Mutter liebte eher die sanften Stücke. Für Tom war es das Größte, wenn sie die Mondscheinserenade von Ludwig van Beethoven spielte. Es dauerte auch nicht lange, bis Tom mehr als nur die Tonleiter zustande brachte. Er war noch nicht ganz vier, als er bereits die ersten Stücke spielte. Ihm fehlte noch das Feingefühl, so dass man deutlich den Unterschied zu unserer Mutter hören konnte, aber sie hielt ihn für berufen und verzichtete darauf, ihn in den Kindergarten zu geben. Stattdessen übte sie mit ihm täglich am Flügel. Voller Stolz spielte er mir vor, was er gelernt hatte, wenn ich von der Schule nach Hause kam. Auch wenn ich kein Profi war, konnte ich bereits als Kind erkennen, dass mein Brüderchen wirklich ein außergewöhnliches Talent hatte.

Kurz vor der Einschulung beherrschte er die Arabeske Nr. 2 von Claude Debussy fast perfekt. Die Schule brachte dann seinen ersten Einbruch. Er hatte keine Lust darauf, denn die Zeit dort trennte ihn vom Flügel. Besonders ärgerte er sich über den Musikunterricht. Die meisten Kinder hatten kein Musikinstrument und schafften auf dem Xylophon nicht einmal die Tonleiter. Sie waren halt normal, doch Tom brachte dem Musiklehrer die Vocalise von Sergei Rachmaninow bei. Da er auch mit Noten bestens vertraut war, entwickelte er sich im Musikunterricht zum Alleinunterhalter. Scheinbar konnte er den anderen Kindern besser erklären, was sie zu machen und auf was sie zu achten hätten. Das rief irgendwann den Unmut des Musiklehrers hervor. Der Zwist war vorprogrammiert. Es gab bald Lehrer und Schüler, die sich an Toms Musik erfreuten und ihn als Wunderkind feierten. Andere jedoch hielten ihn für einen Angeber, Überflieger und Besserwisser. Erschwerend kam hinzu, dass seine Leistungen in den anderen Fächern zu wünschen übrigließen. Bei einer schulärztlichen Untersuchung wollte man ihm sogar einen geringen Grad Autismus unterstellen, was durch andere Ärzte jedoch verneint wurde. Dabei langweilte er sich in der Schule einfach nur, weil er von seiner Musik getrennt war. Spätestens jetzt hätten unsere Eltern einschreiten müssen. Heute weiß ich, gerade unsere Mutter hätte vieles anders machen müssen. Aber sie kommt eben aus einem anderen Kulturkreis. In ihrer Heimat wird Leistung gewünscht und gefördert. Dort wäre Tom wahrscheinlich nur einer unter vielen gewesen. Doch hierzulande ist es für alle am einfachsten, wenn man Durchschnitt ist. Niemand muss sich kümmern und durchschnittliche Menschen fallen eben auch nicht auf. Weder positiv noch negativ.

Langsam war aber der Punkt gekommen, wo auch ich nicht mehr alles toll fand. Während meine Mitschüler in den Ferien richtigen Urlaub machten und ans Meer oder in die Berge fuhren, besuchten wir die Gustav-Mahler-Tage in der Kölner Philharmonie. In einem Jahr versetzte mich die Ankündigung, wir würden in den Sommerferien nach Österreich fahren, in große Vorfreude. Viele Klassenkameraden von mir waren schon einmal dort und hatten berichtet, wie schön es dort war. Umso größer war meine Enttäuschung, als wir die meisten Tage im Mozarthaus in Salzburg verbrachten. Unsere Eltern waren als Pianisten nicht unbekannt und daher war es für alle ein wichtiges Ereignis, als Tom auf dem Hammerklavier spielen durfte. Doch zum ersten Mal machte ich meinem Ärger Luft und so verbrachten wir wenigstens einige Tage, die auch ich als Urlaub bezeichnen konnte. Aber um schwimmen zu gehen, mussten meine Eltern noch Badesachen kaufen. Welche Eltern nehmen keine Badesachen mit, wenn sie mit ihren Kindern in die Sommerferien fahren? Ganz klar: unsere.

Der Urlaub hatte auch eine bittere Nebenwirkung. Das Ziel meiner Eltern, Tom ans Mozarteum in Salzburg – eine der weltweit anerkanntesten Musikhochschulen – zu bringen, wurde zur fixen Idee. Nun darf man sich eine Musikhochschule nicht wie eine normale Hochschule vorstellen. Hier können die Kinder bereits mit zehn Jahren ein Studium beginnen. Somit wurde geübt und geübt, denn Tom sollte zu seinem zehnten Geburtstag so weit sein. Zum Glück wurden unsere Eltern von der Realität eingeholt. Sie konnten das Vorhaben finanziell nicht stemmen. Aber sie wären nicht unsere Eltern, wenn sie nicht nach Lösungen gesucht hätten. So kam unser Vater eines Tages nach Hause und erzählte, er hätte für Tom einen Solo-Auftritt in einem kleinen Konzerthaus in Hamburg organisiert. Die Aufregung war groß. Zwar hatte mein kleiner Bruder schon einige Male vor Zuschauern gespielt –obwohl er in der Schule umstritten war, nutzte man trotzdem jede Gelegenheit, um bei Einschulungen oder anderen Gelegenheiten mit ihm zu glänzen – aber zahlendes Publikum war eine ganz andere Größenordnung. Also verbrachte Tom etliche Stunden bei einem Herrenausstatter. Es sah in seinem ersten Frack wirklich schick aus, aber der kostete auch fast tausend Euro.

Die Weihnachtsferien verbrachten wir also in Hamburg. Tom hatte an drei Tagen Auftritte und alle Termine waren ausverkauft. Immerhin schienen unsere Eltern gelernt zu haben, denn die Stadt bot noch eine Menge mehr. Wir gingen ins Musical "König der Löwen", vergnügten uns auf dem Winterdom und sahen uns eine gigantische Modelleisenbahn an. Sensationell waren für uns Jungs die Landungsbrücken gewesen. Noch nie hatten wir so riesige Schiffe gesehen. Sogar ein Kreuzfahrtschiff kam an uns vorbei, während ein zweites dahinter im Trockendock zu sehen war. Die große Hafenrundfahrt war daher unausweichlich und Toms Konzerte ein großer Erfolg. Zu Silvester gab es ein gigantisches Feuerwerk. Wir hatten wirklich schöne Tage.

Offensichtlich war bei Toms Auftritten jemand auf ihn aufmerksam geworden. Deshalb änderte sich im neuen Jahr einiges. Unsere Eltern meldeten Tom an der Musikhochschule Weimar an, die vom namhaften Grigory Gruzmann geleitet wurde. Außerdem gab es plötzlich jede Menge Arrangements. Papa war weiterhin viel unterwegs und so gewöhnte ich mich ans Alleinsein. Als 14-jähriger genießt man diesen Umstand besonders dann, wenn man seine erste Freundin hat. Nelly und ich fühlten uns bald wie ein Ehepaar. Ihr Vater war Dachdecker, ihre Mutter Arzthelferin. Unsere Eltern luden sie zu Toms Konzerten ein, und als eines in der Nähe stattfand, freuten sich Nellys Eltern auch, daran teilnehmen zu können. Für mich war das Highlight Nellys Cocktailkleid. Es dauerte nicht lange, bis ich zu ihren Eltern ein engeres Verhältnis hatte als zu unseren. In den Ferien nahmen sie mich mit in den Urlaub und ich verbrachte auch sonst einige Feiertage bei ihnen.

Tom gefiel es an der Musikhochschule. Er wurde immer besser, doch sein Leben bestand nur aus Musik. In der Woche hatte er Unterricht, an den Wochenenden und in den Ferien Auftritte. Ich sah ihn nur noch selten, aber unser Verhältnis war trotzdem von Vertrauen und Herzlichkeit geprägt. Ich bemerkte Veränderungen an ihm, aber zu der Zeit war ich mit Bewerbungen für mein Studium beschäftigt. Es war auch nicht zu übersehen, dass er in der Pubertät war. Die Pickel sprossen nur so. Etwas komisch wurde er immer, wenn Nelly bei unseren Treffen dabei war. Einige Wochen später erzählte er mir von einem Mädchen an seiner Schule. Sie schienen sich zu mögen, aber wenn sie sich länger als eine halbe Stunde sahen, war das schon viel. Zum ersten Mal hörte ich von ihm eine gewisse Unzufriedenheit. Nicht, dass er die Musik nicht mehr liebte, aber jetzt hatte er begriffen, es gab keine Freizeit in seinem Leben.

Dann kamen die Sommerferien. Der Urlaub mit Nelly und ihren Eltern war toll. Wir waren in einem Ferienhaus in Dänemark, und ich konnte es kaum erwarten, Tom vom Urlaub und meinem Studienplatz zu berichten. Doch das ging nach hinten los, denn auf einmal brach alles aus ihm heraus. Er wollte endlich Zeit für seine Freundin, er wollte endlich richtigen Urlaub machen, er wollte sogar in einen Fußballverein. Aber für unsere Mutter kam das alles nicht infrage. Tom sollte sich auf den Unterricht und die Auftritte konzentrieren. Damit war für sie das Thema erledigt. Aber leider nicht für Tom.

Ich verstand damals die Warnzeichen nicht. Zwar wurde mein Bruder zunehmend unzufriedener, aber rückblickend wage ich zu bezweifeln, es wäre mir möglich gewesen, gegen unsere Eltern und speziell gegen Mutter zu rebellieren.

An einem Adventswochenende geschah es. Ich war gerade bei Nelly, als mein Handy klingelte. Meine Mutter war dran und sie klang völlig aufgelöst. Sie stand vor dem Haus, das lichterloh brannte. Im Hintergrund konnte ich aufgeregte Stimmen und auch die Sirene eines Martinshorns hören.

Nach den Löscharbeiten fiel es der Feuerwehr nicht schwer festzustellen, wo das Feuer ausgebrochen war: unter dem Flügel im Wohnzimmer. Unsere Wohnung war unbewohnbar, genau wie die darunter. Das Löschwasser hatte sie in extreme Mitleidenschaft gezogen. Tom gab bei der Polizei schnell zu, das Feuer gelegt zu haben. Er könne den Flügel nicht mehr sehen, hatte er ausgesagt. Er war vollkommen fertig und trotzdem erleichtert. Er hatte ein Ventil gefunden und für ihn war klar, sein Elend hätte endlich ein Ende. Aber unsere Eltern wären nicht unsere Eltern, wenn sie nicht darauf gedrungen hätten, er solle doch wenigstens seine Weihnachtskonzerte absolvieren. Es dauerte zwar einige Tage, aber dann ließ Tom sich doch dazu überreden. In der Folgezeit wurde seine Karriere etwas gebremst, aber gerade unsere Mutter schien sich keiner Schuld bewusst zu sein und versuchte, sein Pensum erneut zu steigern.

Da Tom bei der Brandstiftung schon 14 Jahre alt war, kam es nach einigen Monaten zu einer Gerichtsverhandlung. Er sollte zu einem Jahr auf Bewährung verurteilt werden. Im Gerichtssaal war die erste Frage meiner Mutter, ober er während dieser Zeit zu Auslandskonzerten könne. Ein völlig entsetzter Blick machte sich auf Toms Gesicht breit. Dann geschah etwas, das auch für den Richter neu gewesen sein dürfte. Tom stand auf. "Herr Richter, müssen Sie mir eine Bewährungsstrafe geben oder darf ich auch ins Gefängnis?" Mit dieser Frage schien der Richter im ersten Moment überfordert zu sein. Zwar wurden Toms Beweggründe für die Brandstiftung während der Verhandlung beleuchtet, doch die Frage unserer Mutter zeigte, dass sie nichts verstanden hatte. Nachdem Tom dem Richter noch einmal erklärt hatte, dies sei die einzige Möglichkeit, endlich auszubrechen, gab der dem Antrag meines Bruders statt. Tom wurde sofort dem Vollzug übergeben. Mutter war fassungslos und brach in Tränen aus.

Jetzt sitzen wir uns gegenüber. Seit mittlerweile drei Monaten ist Tom hier. Seine Konzerte sind alle ausgefallen und niemand hat mehr ein Interesse daran, ihn zu verpflichten. Von der Musikschule wurde er suspendiert. Seine Sozialarbeiterin in der Jugendstrafanstalt hat bereits geklärt, dass er während der Ausgänge zu Nellys Familie darf, ohne dass unsere Eltern etwas davon erfahren. Ich wohne inzwischen sogar ganz offiziell bei ihr. Tom will auch nicht mehr nach Hause und alle bemühen sich, einen Platz in einer WG für ihn zu finden.

Und unsere Eltern? Inzwischen haben sie eine neue Wohnung. Mutter muss wieder auftreten, da die Versicherung die Brandschäden nicht übernimmt. Aber sie redet von nichts anderem, als Tom wieder Konzerte zu ermöglichen, wenn er draußen ist. Sie erkennt gar nicht, wie fern jeder Realität sie mit ihren Gedanken und Hoffnungen ist. Deshalb überlegen Tom und ich, wie wir Papa am besten davon überzeugen, dass Mama dringend Hilfe braucht.

Demnächst beim Cartagena Verlag

MARK BOLD – MILLI

636 Seiten, Paperback

ISBN 978-3-9819-5548-4

Franks Leben am Stadtrand, zusammen mit Patricia und den beiden Kindern, gleicht einer ländlichen Idylle. Als sie Kater Milli bei sich aufnehmen, scheint das gemeinsame Glück perfekt zu sein. Doch nach und nach wendet sich das Blatt. Frank muss erkennen, der Kater ist ihm nicht wohlgesonnen. Der Vierbeiner lässt nichts unversucht, ihn zum Gespött der Leute zu machen, und trachtet sogar nach seinem Leben. Als die Situation sich zuspitzt, passiert das Unvorstellbare: Frank tötet den Kater. Anfangs ist er froh, dass niemand etwas gemerkt hat. Doch die Freude darüber währt nicht lange. Milli kehrt nach drei Tagen ins Haus der Familie zurück, und Frank beginnt zu glauben, verrückt zu sein. Jeder neue Versuch, den Kater loszuwerden, scheitert. Haben Katzen doch sieben Leben? Allmählich begreift Frank, was der Grund für Millis Unsterblichkeit ist. Er selbst hält den Schlüssel dafür in der Hand. Aber es gibt ein Problem: um den Tod zu besiegen, muss er zum Mörder werden.

Ein Psychothriller der besonderen Art, gewürzt mit einer Prise Humor, einer Messerspitze Fantasy und dem untrüglichen Gespür für die Abgründe der menschlichen Seele.